Il grande libro del Labrador Retriever

Joanna de Klerk

www.lpmedia.org

Dati di Catalogazione

Joanna de Klerk

Il grande libro del Labrador Retriever ---- Prima edizione.

Riassunto: "Come allevare con successo un Labrador Retriever dal cucciolo alla vecchiaia" – Fornito dall'editore.

ISBN: 979-8-89818-016-4

[1.Labrador Retriever --- Saggistica] I. Titolo.

Questo libro è stato scritto con l'intento di fornire informazioni accurate e autorevoli riguardo all'argomento trattato. Sebbene ogni ragionevole precauzione sia stata adottata nella preparazione di questo libro, l'autore e l'editore declinano espressamente ogni responsabilità per eventuali errori, omissioni o effetti avversi derivanti dall'uso o dall'applicazione delle informazioni contenute all'interno. Le tecniche e i suggerimenti devono essere utilizzati a discrezione del lettore e non intendono sostituire l'assistenza veterinaria professionale. Se sospettate un problema medico nel vostro cane, consultate il vostro veterinario.

Design di Sorin Rădulescu

Prima edizione italiana, 2025

INDICE

RINGRAZIAMENTI

A tutti i proprietari di Labrador: non farei quello che faccio se non fosse per voi! Nel mio lavoro clinico, ho un interesse particolare nella gestione del dolore. Quando mi sono laureato, vedevo entrare nel mio ambulatorio, giorno dopo giorno, vecchi Labrador scricchiolanti, e mi frustrava il fatto che i farmaci per il dolore che offrivo loro semplicemente non fossero sufficienti. Questo è ciò che mi ha spinto a studiare il trattamento del dolore negli animali da compagnia come specializzazione post-laurea, oltre a imparare a praticare l'agopuntura occidentale. La maggior parte dei miei casi è ancora costituita da vecchi cani artritici, molti dei quali sono Labrador, e per questo è una razza che mi è diventata particolarmente cara.

Vorrei anche ringraziare la mia editor di lunga data, Clare Hardy. Ha lavorato con me dietro le quinte di molti di questi libri e il suo contributo è assolutamente inestimabile. Grazie per tutto il duro lavoro e l'impegno che hai messo nell'aiutarmi a trasformare questi libri in ciò che sono; non ce l'avrei mai fatta senza di te!

CAPITOLO 1
Panoramica della razza

Non è certamente difficile capire perché il Labrador Retriever sia il cane più amato al mondo! Quasi ogni qualità positiva che puoi immaginare in una razza canina sembra essere una dote naturale del Labrador Retriever. I Labrador sono intelligenti, addestrabili, pieni di entusiasmo sconfinato e, soprattutto, amichevoli verso gli esseri umani di tutte le età. Sebbene i Labrador siano stati originariamente allevati come cani da lavoro, non è passato molto tempo prima che la razza trovasse il suo posto in casa, come parte leale e adorabile della famiglia.

Se stai pensando di accogliere un Labrador Retriever nella tua casa, questo libro ti guiderà attraverso tutte le nozioni di base per comprendere la razza e assicurarti di sapere come soddisfare le esigenze del tuo cane.

Foto di Christianna Legner

Foto di
Michael Waters

Cenni sulla razza

"Un Labrador Retriever dovrebbe essere attivo (ma non iperattivo), facile da addestrare e dovrebbe andare d'accordo con adulti, bambini e altri cani. Dovrebbe amare l'acqua e il riporto. E dovrebbe avere il caratteristico muso della razza, con un'espressione gentile e struggente."

Tiffany Ginkel
Cedar Ranch Labrador Retrievers

Chiunque abbia conosciuto un Labrador Retriever può confermare che se c'è dell'acqua nei paraggi, la troverà. Questo perché la razza è stata originariamente creata come cane da lavoro per recuperare il pesce per i pescatori nella provincia canadese di Terranova. Con il loro pelo impermeabile e le zampe palmate, i Labrador Retriever hanno prosperato nei loro ruoli semi-acquatici. Altamente intelligenti, volenterosi e forti, i Labrador sono rapidamente diventati una razza preferita di cane da lavoro anche per i cacciatori, ma è la loro personalità adorabile e la loro natura gentile che li rende cani da famiglia perfetti e, probabilmente, la razza più adattabile come aiutanti e compagni degli esseri umani.

Foto di
Geoffrey Rhoades

Aspetto

Il Labrador Retriever è un cane dal pelo corto e lucido, di taglia media-grande, che si presenta in tre colori: nero, giallo e cioccolato.

I Labrador originali erano quasi sempre neri. Il nero è il gene dominante rispetto ai colori giallo e cioccolato, che a volte vengono definiti "dorato" e "fegato". Nei primi anni, il giallo e il cioccolato erano considerati "colori fuori standard" e venivano eliminati dall'allevamento o talvolta soppressi. Oggi, tutti e tre i colori sono ugualmente riconosciuti dall'ENCI (Ente Nazionale della Cinofilia Italiana) e dalla FCI, anche se nel lavoro sul campo, il Labrador nero è quello più comune. I Labrador di oggi sono solitamente di un unico colore uniforme, sebbene nei primi anni della razza avessero talvolta zampe bianche e un muso bianco, le aree che tendono a ingrigirsi nei Labrador anziani.

Il Labrador Retriever può sembrare una razza grande, poiché un cane sano è robusto e ben muscoloso, ma è classificato come cane medio-grande, con un'altezza al garrese che secondo lo standard FCI n. 122 (seguito dall'ENCI) dovrebbe essere idealmente di 56-57 cm per i maschi e 54-56 cm per le femmine. Le femmine sono leggermente più piccole dei maschi. Lo standard FCI/ENCI non specifica un peso ideale preciso, ma indica che il cane deve essere "fortemente costruito" senza eccesso di peso corporeo o sostanza. Come riferimento generale, i maschi pesano tipicamente 29-36 kg e le femmine 25-32 kg. Il Labrador ha un appetito notoriamente vorace ed è incline ad aumentare di peso, specialmente se non fa abbastanza esercizio, motivo per cui il proprietario di un Labrador dovrebbe sempre fare particolare attenzione a non lasciare che il suo cane diventi obeso, essendo una condizione che può portare a molti problemi di salute.

Il mantello impermeabile del Labrador è certamente un vantaggio, poiché per quanto sia attratto dal fango e dall'acqua, il suo pelo si pulisce facilmente con una spazzolata o un getto d'acqua e richiede solo una toelettatura minima. Tuttavia, il Labrador muta due volte all'anno, in primavera e in autunno, e perde pelo abbondantemente durante tutto l'anno: questo perché ha un doppio mantello, il che significa che ha un sottopelo isolante che lo protegge dal freddo ottimo per il suo comfort all'aperto, ma non altrettanto per i tuoi mobili! Significa anche che un Labrador potrebbe non essere adatto a te se hai allergie in famiglia. Spazzolare il tuo cane all'aperto ogni giorno aiuterà a garantire che porti il meno possibile del suo pelo in casa.

Naturalmente, non si può rendere pieno merito all'aspetto del Labrador senza fare riferimento alla sua personalità solare, che brilla nei suoi vivaci occhi marroni e nel suo caratteristico sorriso. Con attributi come questi, è facile perdonare un po' di pelo sul tappeto!

Aspettativa di vita

La durata della vita di un Labrador Retriever è di 10-14 anni, con una media di circa 12 anni. I Labrador cioccolato tendono ad avere una durata di vita leggermente più breve, di circa 10 anni. Gli studi* suggeriscono che questo è dovuto al fatto che il gene del mantello cioccolato è recessivo, il che significa che entrambi i genitori devono essere portatori per produrre cuccioli di questo colore. Questo ha portato a un pool genetico più piccolo e, con meno diversità genetica, si ha una maggiore tendenza alle malattie genetiche. Sebbene anche il gene giallo sia recessivo, la maggiore popolarità di questo colore ha ampliato il pool genetico, quindi gli esemplari di questo colore sono meno colpiti. In ogni caso, come con qualsiasi cane di razza, per la maggiore possibilità di una vita lunga e sana dovresti cercare genitori con pedigree che mostrano il minor incrocio possibile.

Foto di Jillian Torres

Se stai acquistando un Labrador cucciolo, devi considerare qualsiasi cambiamento che potrebbe verificarsi nelle tue circostanze personali durante la sua aspettativa di vita e se puoi impegnarti nella cura del tuo cane per almeno il decennio a venire.

*[*McGreevy, P.D., Wilson, B.J., Mansfield, C.S. et al. Labrador retrievers under primary veterinary care in the UK: demography, mortality and disorders. Canine Genet Epidemiol 5, 8 (2018).]*

Personalità

"I Labrador sono anche molto orientati alle persone e non sono adatti come cani 'da giardino' (lasciati all'aperto da soli). Hanno bisogno di far parte della tua famiglia e della tua vita quotidiana."

Neil e Jodi Martin
Carriage Hill Labradors

Il Labrador Retriever è un cane entusiasta, con la spinta a lavorare sodo e l'intelligenza per adattarsi volentieri a qualsiasi richiesta. I Labrador sono desiderosi di compiacere e seguire le tue istruzioni: questo rende la convivenza con un Labrador Retriever estremamente gratificante, poiché l'amore che dedichi al tuo animale viene restituito in pieno con lealtà e devozione incrollabili. La naturale addestrabilità del Labrador lo rende un eccellente cane da lavoro, oltre che un membro accomodante della famiglia. Per ottenere il massimo dal tuo migliore amico, tuttavia, è importante addestrarlo.

Il Capitolo 3 di questo libro approfondisce il comportamento di un Labrador Retriever. Nota che sebbene ci sia una personalità standard accettata per la razza, ci saranno comunque delle variazioni. Nel caso del Labrador, molte persone affermano che esistono differenze di personalità tra i tre colori. Ad esempio, il Labrador nero, visto così ampiamente sul campo, è considerato un cacciatore determinato e paziente. Il Labrador giallo è visto come un cane da famiglia dal carattere dolce, mentre quello cioccolato è considerato avere un carattere più indipendente. In realtà, il gene del colore in sé è irrilevante per la personalità del Labrador, ma l'allevamento per tratti specifici può produrre una variazione. Quindi, dove il Lab nero è stato preferito come cane da lavoro, è stato selezionato e allevato per le sue qualità di cane attivo e concentrato; quando il Labrador giallo è diventato il preferito dalle famiglie, questa variante di colore è stata selettivamente allevata per la sua natura più tranquilla e amichevole.

L'altra circostanza che può influenzare la personalità di un Labrador è, purtroppo, creata dall'uomo. Se stai adottando un cane più anziano da un rifugio, le sue prime esperienze possono aver danneggiato la sua fiducia e averlo reso innaturalmente timoroso e, in rari casi, persino aggressivo. Oppure, potrebbe semplicemente non essere mai stato addestrato per raggiungere il suo potenziale. Con un cane da rifugio avrai del lavoro da fare per forgiare un legame e far emergere la sua vera personalità, ma essendo una razza intelligente e amichevole, c'è sempre una buona possibilità di riabilitare un Labrador e dargli un nuovo inizio.

Un Labrador Retriever riempirà la tua casa di gioia e divertimento. Il tuo Labrador sarà quell'amico che non dovrai mai interpretare, poiché il suo amore onesto e incondizionato ti aiuterà a vedere tutto con la giusta prospettiva alla fine della giornata.

Dentro casa

Il Labrador Retriever è un cane di taglia medio-grande che, con la sua natura esuberante, riempirà uno spazio sia fisicamente che metaforicamente! Il Labrador non è idealmente adatto alla vita in appartamento poiché ha bisogno di spazio sia interno che esterno. Se il tuo Labrador non ha altra opzione che vivere in un appartamento, magari perché è un cane d'assistenza, allora avrà bisogno di un addestramento speciale per vivere in ambienti limitati, ma necessiterà comunque di molto esercizio per il suo benessere fisico e mentale.

Foto di
Tanya De La Garza

Se stai acquistando un cucciolo, tieni presente quanto grande diventerà il tuo Labrador quando sarà completamente cresciuto. Se sei nuovo alla razza, può valere la pena invitare a casa tua un amico che ha un Labrador adulto o un cane di taglia simile per farti un'idea dell'effetto che un cane così grande avrà sul tuo spazio personale. Se vivi da solo e non hai in programma di avere altri inquilini, potresti scoprire che in una casa di dimensioni modeste c'è abbastanza spazio per te e un vivace Labrador. Se hai una famiglia numerosa, tuttavia, devi pensare allo spazio che il tuo Labrador occuperà e al suo effetto sullo spazio di gioco dei bambini, sull'area abitativa e sullo spazio di lavoro degli altri adulti in casa. Naturalmente, il tuo cane non deve necessariamente avere accesso a tutta la casa, purché le stanze in cui è ammesso siano abbastanza grandi e prive di pericoli. Questa è una questione di preferenza individuale, ma dovresti pensarci bene prima di impegnarti a condividere la tua casa e i prossimi 12 anni della tua vita con un cane grande ed energico.

Come accennato in precedenza, sebbene il Labrador Retriever abbia un pelo corto, non è immune dalla perdita, quindi dovresti prepararti a trovare peli e forfora in casa. La forfora è composta da minuscoli frammenti di pelle che tutti gli animali perdono ed è particolarmente allergenica. Ci sono molti aspirapolvere sul mercato, specificamente progettati per case con animali domestici, dotati di una maggiore capacità di aspirazione e filtri HEPA per aiutare a mantenere la tua casa priva di peli e allergeni, e vale la pena investirci. I pavimenti duri sono un vantaggio rispetto ai tappeti poiché sono facilmente pulibili, non ospitano pulci e non assorbono gli inevitabili incidenti durante l'addestramento alla pulizia. Se hai tappeti, considera un dispositivo per il lavaggio dei tappeti. I mobili in pelle si puliscono facilmente e non attirano i peli come i rivestimenti in tessuto.

Sfortunatamente, un Labrador non sarà adatto a tutti, poiché la sua forfora e il sottopelo che perde possono provocare una reazione in chi soffre di allergie gravi. Potresti anche voler considerare se eventuali visitatori regolari della tua casa, come la famiglia allargata, sono allergici ai cani, prima di decidere per un Labrador Retriever. Poiché il Labrador è la razza più popolare di cane da servizio, è stato incrociato con il Barboncino, che ha un mantello che non perde pelo, per produrre il Labradoodle per coloro che hanno allergie e necessitano di un cane da servizio. Tuttavia, il Labradoodle non è necessariamente ipoallergenico e può essere meno affidabile di un Labrador.

Purtroppo, il Labrador Retriever è noto per essere all'estremità più odorosa dello spettro degli odori canini: questo è dovuto al suo spesso doppio mantello, che trattiene gli odori canini naturali. Tuttavia, molte persone non hanno obiezioni all'odore caratteristico del Labrador e possono persino trovarlo piuttosto affascinante. In casa, probabilmente ci farai l'abitudine abbastanza rapidamente, anche se potrebbe non essere lo stesso per i tuoi visitatori. D'altra parte, molti Labrador amano rotolarsi in qualsiasi cosa sgradevole trovino all'aperto, il che può portare odori molto pungenti in casa tua. Altri odori a cui dovresti essere preparato includono flatulenze, che di solito sono dovute a una dieta inappropriata, ghiandole anali, che a volte possono intasarsi e rilasciare una secrezione maleodorante, e incidenti durante l'addestramento alla pulizia. Se sei particolarmente sensibile agli odori meno che fragranti in casa, il Labrador potrebbe non essere il cane per te!

Se hai considerato l'impatto di condividere la tua casa con un Labrador e hai deciso che tutti i benefici positivi che il tuo amico a quattro zampe porterà compenseranno ampiamente i piccoli sacrifici, allora non c'è dubbio che un Labrador in famiglia farà della tua abitazione una vera casa!

Fuori casa

Un Labrador Retriever richiede idealmente che tu abbia un giardino a disposizione. Se non hai un giardino privato, avrai bisogno di accedere a uno spazio sicuro immediatamente fuori dalla tua casa per i bisogni e organizzare passeggiate extra durante il giorno. Un giardino completamente recintato e sicuro è preferibile, perché puoi renderlo uno spazio esterno rilassante dove il tuo cane può stare senza guinzaglio e godersi l'aria fresca.

I Labrador sono una razza atletica, quindi dovresti assicurarti che la recinzione del tuo giardino sia abbastanza alta da impedirgli di saltare fuori, idealmente alta almeno 1,8 metri senza spazi vuoti. Dovrebbe anche arrivare fino a terra, se hai un cucciolo che potrebbe infilarsi sotto. Inoltre, se hai un Labrador propenso a scavare, dovresti supervisionarlo mentre si trova all'esterno nel caso in cui scavi un tunnel sotto la recinzione. Devia l'istinto di scavo del tuo cane fornendogli una buca di sabbia con premi sepolti, in modo che abbia un'area dove possa esercitare i suoi istinti e lasci in pace le tue aiuole!

Se stai adottando un cane, probabilmente un operatore del rifugio farà un controllo della tua casa, indipendentemente dal fatto che tu abbia avuto cani prima o meno. Se sei nuovo alla proprietà di un cane, il controllo della casa è un'opportunità ideale per far esaminare il tuo spazio esterno da un occhio esperto. Chi controlla la casa offrirà suggerimenti se vede pannelli di recinzione rotti, altre vie di fuga o oggetti pericolosi. Questo non significa che la tua domanda sarà rifiutata, ma dovrai correggere questi problemi prima di poter portare a casa il tuo cane dal rifugio.

Se stai acquistando un cucciolo e non hai mai avuto un cane prima, probabilmente non avrai un controllo della casa, anche se alcuni allevatori potrebbero voler dare un'occhiata alle nuove case dei loro cuccioli. In caso contrario, potresti chiedere a un amico esperto proprietario di cani di controllare il tuo giardino per rassicurarti di non aver trascurato nulla. Puoi trovare ulteriori consigli su come preparare la tua casa e il tuo giardino nel Capitolo 5.

Il Labrador Retriever è stato allevato per lavorare all'aperto e ha elevate esigenze di esercizio; quindi, il tuo cane ha anche bisogno di accesso a spazi aperti dove può correre ed esplorare. Per permettergli di godere in sicurezza di questa libertà, è importante che sia addestrato a rispondere ai richiami. L'addestramento è discusso in dettaglio nel Capitolo 6.

I cani amano le loro passeggiate familiari tanto quanto la gioia di scoprire nuovi luoghi, e il tuo Labrador trarrà grande piacere nel controllare tutti gli odori intorno al suo territorio più ampio. La salute fisica e mentale del tuo cane dipende dalle sue uscite, specialmente se non hai un tuo giardino. Dovresti prendere precauzioni sensate per la sicurezza del tuo cane negli spazi pubblici: tienilo sempre al guinzaglio vicino al traffico e a punti pericolosi come fiumi a scorrimento rapido o bordi di scogliere, così come in luoghi dove potrebbe intimidire i bambini o intrufolarsi in un picnic familiare. Il tuo cane dovrebbe anche indossare un collare con una targa identificativa e, idealmente, essere impiantato con un microchip, che è un requisito legale in diversi Paesi. Assicurati che il microchip abbia sempre i tuoi dati aggiornati, in modo che nel caso sfortunato in cui il tuo cane si smarrisca, possiate essere riuniti.

Costi per mantenere un Labrador Retriever

Il primo costo da affrontare per acquisire un Labrador Retriever è il prezzo del cane e, poiché un Labrador è una razza da pedigree, questo sarà relativamente alto. In media potresti aspettarti di pagare tra 500 e 2.000 euro per un Labrador Retriever con un pedigree registrato. Mentre potresti acquistare un cane a un prezzo inferiore, devi essere consapevole che un cane senza documenti potrebbe essere il risultato di un allevamento casuale o inesperto, oppure di un'operazione per fare soldi che ignora il benessere dei cani. Quindi, un cucciolo di Labrador "economico" è probabile che manifesti più problemi di salute più avanti. In alternativa, se stai prendendo un cane da un rifugio, sappi che neanche questi cani sono gratuiti: in genere, dovrai pagare una quota di adozione nell'ordine di 200-500 euro che serve a coprire i costi generali sostenuti dal rifugio per attività quali sterilizzazione, vaccinazioni, microchip, affidamento, alloggio, alimentazione, trasporto e amministrazione. Ciò assicura che nessuno si rivolga a un rifugio per adottare un cane per combattimenti illegali tra cani, allevamento o rivendita.

I Labrador Retriever sono cani piuttosto costosi da mantenere a causa della loro taglia e dei potenziali problemi di salute. Discuteremo della medicina veterinaria preventiva nel Capitolo 11. L'assicurazione per le spese veterinarie è fortemente raccomandata fin dall'inizio, specialmente per un Labrador. In alternativa, alcuni proprietari preferiscono mettere da parte una somma regolare per costi veterinari imprevisti. Se questa è la tua scelta, devi essere consapevole che i costi veterinari per un Labrador possono arrivare a migliaia di euro, e trovarti a corto di fondi salvavita in un momento critico potrebbe costringerti a prendere decisioni molto difficili. Nel tuo budget dovrebbero figurare anche altri costi regolari come i trattamenti antiparassitari e le vaccinazioni annuali. Alcuni veterinari offrono piani mensili per aiutare a pianificare i costi sanitari regolari per il tuo cane.

Foto di
Debbie Wilson

Su base quotidiana, il costo per nutrire il tuo Labrador Retriever sarà superiore alla media perché è grande ed energico. Inoltre, poiché la razza è predisposta a problemi articolari e altri problemi di salute in età avanzata, devi assicurarti che segua una dieta di alta qualità. Vedremo la nutrizione nel Capitolo 8. Una volta che hai un'idea di quale tipo di cibo vuoi per il tuo cane, vale la pena calcolare quanto nutriresti un Labrador adulto secondo le linee guida del produttore per arrivare a un costo mensile. Non dimenticare che il tuo cane merita un premio di tanto in tanto, specialmente durante il suo addestramento; quindi, includi nel budget anche questo.

Se il tuo Labrador è il tuo primo cane, dovrai investire in alcune attrezzature fin dall'inizio. Man mano che il tuo cane cresce, consuma o distrugge la sua cuccia, il trasportino, la pettorina, i giocattoli, i guinzagli ecc., dovrai sostituirli strada facendo. Il Capitolo 5 discuterà cosa devi avere a portata di mano per il tuo nuovo cane.

Possedere un Labrador apre un mondo di attività opzionali. Molte sono gratuite, mentre altre richiedono quote per le lezioni, quote di iscrizione, attrezzature o altri servizi. L'addestramento del cane è la prima attività che ogni nuovo proprietario deve mettere in atto. Se hai posseduto cani prima, potresti già essere sicuro di poter addestrare il tuo cane da solo, ma potrai sempre consultare i suggerimenti forniti nel Capitolo 6. Anche i video online sono un'eccellente risorsa di addestramento. Partecipare a corsi di addestramento ti permetterà di confrontarti e ottenere supporto da altri proprietari, oltre a darti la preziosa opportunità di socializzare il tuo cane. Di solito ci sarà una quota, ma ne vale la pena. Allo stesso modo, altre attività che il tuo Labrador potrebbe apprezzare, come le lezioni di Agility e le sessioni di Flyball, comporteranno una quota e possibilmente alcune attrezzature aggiuntive. Se prevedi di competere a un livello più alto ci saranno anche costi aggiuntivi. Inoltre, se desideri far partecipare il tuo cane a esposizioni canine, dovrai essere preparato per le quote di iscrizione, i costi di viaggio e tutte le spese coinvolte nel mantenere il tuo cane in condizioni cosmetiche ottimali. Vedremo questi aspetti nel Capitolo 15.

Quindi, sebbene il mantenimento di un Labrador Retriever sia più costoso del cane medio, molte delle spese sono opzionali e puoi organizzarti per tenere i costi bassi. Non devi essere ricco per scegliere un Labrador Retriever, purché le spese presenti e future siano state preventivate. Tutto ciò che conta per il tuo Labrador è che sia comodo, adeguatamente nutrito, ben esercitato, libero dal dolore e abbia compagnia umana per una buona parte della giornata, con l'opportunità di incontrare anche altri cani. Se potrai garantirgli questi requisiti di base, allora avrai un amico per la vita!

CAPITOLO 2
Storia della razza

Origine della razza

Il Labrador è una regione del Canada, per cui sarebbe logico pensare che il Labrador Retriever abbia avuto origine qui. Tuttavia, per essere più precisi, i primi antenati del Labrador erano presenti nella regione di Terranova già dal 1500. Tuttavia, esisteva già una razza distinta chiamata Terranova, che era più grande del Labrador e con un portamento della coda più alto. Così, nei primi tempi, il Labrador divenne noto come St. John's Water Dog o cane d'acqua di St. John o Piccolo Terranova, il risultato dell'incrocio tra il Terranova e piccoli cani amanti dell'acqua per creare un agile cane da lavoro per i pescatori canadesi. Proprio come la razza che conosciamo oggi, i primi Labrador avevano le zampe palmate e un mantello impermeabile, con la loro coda spessa e affusolata (conosciuta come coda di lontra) che fungeva da potente timone. Erano quindi nel loro elemento nell'acqua fredda, recuperando pesci caduti dagli ami o riportando le reti.

Foto di
Lisa Higbee

I cani d'acqua di St. John erano considerati dei grandi lavoratori che prosperavano nel loro compito e lavoravano con entusiasmo fino allo sfinimento, ma avevano anche un posto in famiglia, quando i pescatori li portavano a casa per giocare con i bambini; quindi, le caratteristiche di un cane veramente polivalente erano evidenti negli antenati del Labrador già molti secoli fa.

Fu solo nell'800 che il Labrador attirò maggiore attenzione, quando il secondo Conte di Malmesbury vide la razza in azione a Terranova e la portò a Heron Court a Poole, in Inghilterra, per utilizzarla nella caccia agli uccelli acquatici. Altri promotori aristocratici della razza Labrador furono il decimo Conte di Home e i suoi nipoti, il quinto Duca di Buccleuch e Lord John Scott, che videro il potenziale del Labrador come cane da caccia. Con il progredire del diciannovesimo secolo, i successivi eredi continuarono ad allevare e perfezionare il Labrador, con il nome coniato dal terzo Conte di Malmesbury intorno al 1880, poiché Labrador e Terranova erano considerati dai britannici come la stessa massa terrestre in quel periodo.

Tre dei Labrador del sesto Duca di Buccleuch gli furono donati dal terzo Conte di Malmesbury, dopo che il Duca era rimasto enormemente colpito dai Labrador del Conte durante una battuta di caccia nel Dorset. Il canile di Labrador del Duca a Langholm, nei Borders scozzesi, divenne successivamente il più grande della Gran Bretagna, con le migliori linee di sangue Malmesbury e Buccleuch incrociate per produrre un pedigree forte e rigorosamente mantenuto, ancora oggi:

"Le caratteristiche principali del tradizionale Labrador Buccleuch sono un buon fiuto, una bocca delicata e un temperamento intelligente e coraggioso. Le loro teste sono spesso più corte rispetto al Labrador medio; hanno un folto mantello doppio e frequentemente la coda 'a lontra'. La linea pura può generare solo cuccioli neri."

[Fonte: www.drumlanrigcastle.co.uk]

Nel 1903, il Labrador fu riconosciuto dal Kennel Club inglese e, nel 1917, l'American Kennel Club seguì l'esempio registrando il suo primo Labrador Retriever.

Nel Regno Unito, il canile Buccleuch subì un declino nella prima metà del ventesimo secolo per varie ragioni, tra cui gli anni di guerra. Tuttavia, il programma di allevamento fu ristabilito negli anni del dopoguerra e, attraverso i continenti, il Labrador Retriever si è fatto strada fino alla vetta delle registrazioni del Kennel Club, diventando ufficialmente la razza preferita in molti Paesi.

Genetica

La genetica del Labrador Retriever è più evidente nei suoi tre colori distinti: nero, giallo e cioccolato. Per ottenere la loro colorazione, ogni Labrador Retriever porta una combinazione di quattro geni principali. Questi geni sono di tipo B ed E, comprendono una B maiuscola e una b minuscola e una E maiuscola e una e minuscola. Un Labrador può portare questi geni in varie combinazioni.

I geni B sono facili da capire, se pensi che rappresentano il colore nero (Black) e marrone (Brown). La B maiuscola contiene un'istruzione per produrre molto colore, dando un mantello nero, mentre la b minuscola contiene un'istruzione per meno colore, causando un mantello marrone. Tuttavia, la B maiuscola è un gene dominante, quindi prevarrà su una b minuscola. Di conseguenza, BB e Bb producono il nero, e bb produce il marrone.

Tuttavia, cosa dire dei Labrador gialli? È qui che entrano in gioco i geni E, poiché un Labrador erediterà anche una coppia di questi. La E maiuscola è dominante ma non influisce sul colore, mentre la e minuscola disattiva il colore. Quindi, se un Labrador eredita due e minuscole, sarà giallo.

C'è un'ultima serie di geni, i geni D, che stanno per diluizione. Se un Labrador eredita due geni d minuscoli recessivi, il suo mantello diventa più chiaro. È così che a volte si ottengono Labrador nei colori antracite, champagne e argento.

Foto di
Ashleigh Greule

L'ENCI e la FCI riconoscono esclusivamente nero, cioccolato e giallo come colori ufficiali del Labrador secondo lo Standard FCI n. 122. È importante sapere che i colori "diluiti" come argento, champagne e antracite NON sono riconosciuti dallo standard di razza FCI/ENCI e non possono ricevere pedigree ufficiali ENCI. Secondo lo standard FCI, il mantello deve essere "completamente nero, giallo o fegato/cioccolato", e qualsiasi altra combinazione di colori costituisce una squalifica.

L'ENCI, in quanto ente autorizzato dal Ministero delle Politiche Agricole in Italia, non può emettere pedigree che riportano "Labrador Argento" o altri colori diluiti, poiché questi non sono riconosciuti come naturali per lo standard di razza. Alcuni sostengono la presenza di un gene recessivo dd per spiegare questi colori, ma il patrimonio genetico del Labrador Retriever manca completamente del gene D e dei suoi alleli responsabili dell'effetto "diluizione". La ricerca genetica ha dimostrato che tali colori derivano probabilmente da incroci con altre razze avvenuti in passato.

Con l'eccezione dei Labrador gialli, non si sa mai quali geni recessivi un Labrador stia portando, quindi tutti i colori riconosciuti possono apparire in una cucciolata. Naturalmente, gli allevatori esperti avranno una buona idea dei geni recessivi nei loro cani e avranno una discreta idea dei probabili colori dei loro cuccioli.

Qualunque sia la combinazione di geni del colore trasmessa al tuo cucciolo di Labrador, una cosa è certa: avrà sicuramente ereditato quella speciale miscela di intelligenza, vivacità e affetto che è il marchio distintivo della razza.

Standard storici

Durante i primi anni della razza, quando il Labrador era ancora conosciuto come cane d'acqua di St. John e lavorava nelle acque canadesi, non esisteva uno standard di razza come lo conosciamo oggi. Il cane veniva allevato per certe qualità pratiche: un mantello corto, denso e impermeabile, zampe palmate, "coda di lontra" ed entusiasmo per il lavoro. Questi sono attributi che vediamo ancora nei Labrador di oggi, anche se il nostro atteggiamento verso il colore è cambiato. Come già notato, i primi cani erano tutti neri, con i "colori non standard" spesso soppressi, ma mentre i colori nero, giallo, cioccolato e le varianti diluite di oggi sono per lo più uniformi, il cane d'acqua di St. John a volte aveva il muso e le zampe bianchi.

Una delle prime osservazioni sulle qualità che hanno reso il Labrador un'aggiunta così promettente ai canili da caccia inglesi fu fatta dal Colonnello Peter Hawker, un celebre diarista, autore e sportivo. Il Colonnello Hawker visitò Terranova nel 1814 e descrisse il cane d'acqua di St. John come dotato di un eccellente olfatto, grande flessibilità sul campo e velocità. Nel suo resoconto, disse della razza:

"...è più spesso nero che di altro colore e poco più grande di un pointer. La testa e il muso sono piuttosto lunghi; il petto è piuttosto profondo; le zampe sono molto fini; il pelo è corto o liscio, la coda non è molto arricciata ed è estremamente veloce e attivo nella corsa e nel nuoto... La razza St. John di questi cani è usata soprattutto dai pescatori sulla costa natia. Il loro senso dell'olfatto ha dell'incredibile. La loro discriminazione dell'odore... sembra quasi impossibile... Per trovare selvaggina ferita di ogni tipo, non c'è un suo pari nella razza canina; ed è una conditio sine qua non nella ricerca generale degli uccelli acquatici."

(Fonte: Hawker, P. 1830, Instructions to Young Sportsmen in All That Relates to Guns and Shooting

Con qualità come queste, i due principali canili in Gran Bretagna che svilupparono la razza si dedicarono a perfezionarla, secondo i loro elevati standard, come compagno di caccia di ogni gentiluomo di campagna.

Fu solo all'inizio del ventesimo secolo, quando la razza fu riconosciuta dal Kennel Club britannico nel 1903 e dall'American Kennel Club nel 1917, che venne redatto uno standard ufficiale della razza. La FCI (Fédération Cynologique Internationale) riconobbe successivamente la razza, e oggi l'Italia, attraverso l'ENCI, segue lo Standard FCI n. 122 per il Labrador Retriever. Questo standard verrà discusso più in dettaglio nel Capitolo 15 sulla presentazione del tuo cane.

Labrador Retriever famosi

Il Labrador Retriever è un cane così popolare e adattabile che il suo muso felice può essere visto ovunque, e non sorprende che molti Lab siano diventati di dominio pubblico. Ora scopriremo alcuni dei nomi più importanti nella Hall of Fame del Labrador:

Ambasciatori della razza:

Ben of Hyde apparteneva al Maggiore Radcliffe ed è nato nel 1899. Sebbene la razza Labrador fosse ben consolidata all'inizio del ventesimo secolo, era dominata dal popolare colore nero: Ben of Hyde fu il primo Labrador Retriever giallo documentato. Ben of Hyde e suo figlio Neptune sono considerati la fonte della maggior parte dei Labrador gialli di oggi.

Foto di
Abbie Alhashimi

King Buck (1948-1962) fu colpito dal cimurro all'inizio della sua vita, ma si riprese e divenne un campione di Field Trials, con un record di successi rimasto ineguagliato per 40 anni. Divenne noto al grande pubblico come il primo cane ad apparire su un francobollo della serie Duck del dipartimento Fish and Wildlife degli Stati Uniti (1959), che raffigurava sempre un uccello acquatico. L'opera d'arte fu creata da Maynard Reece e mostrava King Buck che portava un germano reale maschio.

Nell, il cane del Conte di Home dalla tenuta di Buccleuch, era descritta sia come un Labrador che come un cane d'acqua di St. John. Fu la prima della razza ad essere fotografata nel 1856 e la sua fotografia mostra che aveva un mantello nero, con zampe e muso bianchi.

Star del cinema e della letteratura:

Junkyard era un Labrador giallo presente nel film Disney Corsa a Witch Mountain del 2009. Era interpretato da Buck, i cui altri crediti cinematografici includono 8 amici da salvare (2006) e Snow Dogs (2002).

Marley è un Labrador giallo protagonista del film Io & Marley (2009). Poiché il film mostrava Marley in diverse fasi della sua vita, il personaggio è stato interpretato da diversi attori canini. Il film è basato sulla storia vera "Io & Marley" di John Grogan.

Spike era un famoso incrocio tra Labrador giallo e Mastiff proveniente da un contesto di recupero. Era di proprietà di Frank Weatherwax, che addestrava cani per ruoli cinematografici, e nel 1957 fu protagonista del film Disney Zanna Gialla. Recitò anche in She-Creature (1956) e The Silent Call (1961). Sul piccolo schermo apparve in programmi TV come The Westerner, Hondo, The Mickey Mouse Club e nella serie TV Lassie, dove interpretò Barney, Chuka e Skipper. Il figlio di Spike, Junior, interpretò Rontu in L'isola dei delfini blu.

Compagni delle star

Buddy e Seamus erano i Labrador domestici dell'ex Presidente degli Stati Uniti Bill Clinton. Buddy era un Labrador cioccolato che non andava d'accordo con il gatto della Casa Bianca. Tragicamente, nel 2002, Buddy, all'età di quattro anni, fu investito da un'auto, evento che Bill Clinton descrisse come "di gran lunga la cosa peggiore" che gli fosse accaduta da quando aveva lasciato l'incarico. Poco dopo, i Clinton acquisirono un altro Labrador cioccolato di nome Seamus, un pronipote di Buddy proveniente dallo stesso allevamento.

Koni (1999-2014) era il Labrador Retriever nero femmina compagno del Presidente russo Vladimir Putin. Il suo nome completo era Connie Paulgrave. Koni fece notizia quando il Presidente Putin la portò a un incontro con la Cancelliera tedesca Angela Merkel nel 2007, cosa che non fu gradita dalla Cancelliera, che aveva sviluppato una paura dei cani dopo aver subito un attacco nel 1995.

Sully era un Labrador giallo chiamato così in onore del pilota che fece atterrare in sicurezza un aereo commerciale in avaria sul fiume Hudson nel 2009. Sully era un cane di servizio militare addestrato e servì con l'ex Presidente degli Stati Uniti George H.W. Bush durante gli ultimi sei mesi della sua vita. Divenne noto sui social media quando fu fotografato mentre dormiva accanto alla bara del presidente. Successivamente, Sully continuò a servire nella riabilitazione dei militari statunitensi feriti.

Foto di
Chris Norton

Cani di servizio ed eroi

Dorado era un Labrador giallo che apparteneva a un uomo non vedente di nome Omar Riviera; i due si trovavano a un piano alto del World Trade Center durante gli attacchi dell'11 settembre 2001. Sebbene Riviera avesse cercato di in salvo più volte il suo cane, Dorado non volle lasciare il suo fianco e lo guidò giù per 70 piani, poco prima che la torre crollasse.

Jake il Labrador nero è un altro eroe degli attacchi dell'11 settembre. Come cane addestrato per la ricerca e il salvataggio, lavorò instancabilmente per 17 giorni per localizzare sopravvissuti e vittime al World Trade Center, scavando instancabilmente tra "detriti fumanti e roventi". Jake aiutò anche a cercare vittime degli uragani Katrina e Rita nel 2005. Jake era stato abbandonato da cucciolo con una gamba rotta e un'anca lussata, ma era diventato comunque uno dei meno di 200 cani di salvataggio certificati dal governo statunitense. Ha lavorato anche come cane da terapia con vittime di ustioni e residenti di case di riposo, prima di morire di cancro nel 2007 all'età di 12 anni.

Lucky e Flo erano due Labrador neri della stessa cucciolata, addestrati a fiutare apparecchiature ottiche come CD e DVD piratati. Nel 2007 divennero famosi per aver fiutato quasi 2 milioni di DVD contraffatti non autorizzati in Malesia per la Motion Picture Association of America. Questa impresa portò all'arresto dei pirati informatici dietro l'operazione illegale e fece guadagnare ai due Labrador una taglia di diecimila dollari sulle loro teste!

Sabi, un Labrador nero con una macchia bianca sul petto, era membro delle Forze Speciali australiane in servizio in Afghanistan. Come cane da fiuto, era addestrata a rilevare ordigni esplosivi. Sabi si separò dal suo conduttore durante una battaglia nel 2008 e successivamente risultò dispersa in azione nel deserto afghano per oltre un anno, dove fu trattenuta dai combattenti talebani. Fu recuperata sana e salva nel 2009.

CAPITOLO 3
Comportamento

«I Labrador hanno molta energia, ma hanno un carattere fantastico e sono ottimi con i bambini. Sono anche una razza molto versatile: sono stati impiegati per la caccia, prove di agilità, come cani da assistenza e cani poliziotto/antidroga, oltre ad essere eccellenti animali da compagnia».

Lauren McNeely
Bayard Acres Labrador Retrievers

Temperamento

OUno dei motivi principali per cui il mondo ha accolto il Labrador Retriever nel proprio cuore è dovuto al meraviglioso temperamento di questa razza.

In poche parole, i Labrador Retriever sono generalmente amichevoli, attivi e socievoli. Lo Standard FCI n. 122, seguito dall'ENCI in Italia, descrive il temperamento del Labrador in modo molto preciso:

Caratteristiche: "Molto agile e di buon temperamento. L'olfatto è eccellente, la bocca morbida. Molto amante dell'acqua. Adattabile e affezionato compagno."

Temperamento: "Intelligente, entusiasta e docile. Desideroso di compiacere. Di indole buona, senza traccia di aggressività o di eccessiva timidezza."

(Standard FCI n. 122)

Lo standard di razza stabilisce un parametro di riferimento per garantire che tutti i Labrador Retriever registrati possiedano il temperamento che è il marchio distintivo della razza, ed è molto raro trovare un Labrador aggressivo o pauroso, tranne nei casi in cui sia stato deluso dagli umani nella sua vita. Sebbene la razza sia naturalmente indulgente, nei casi più gravi quella fiducia non può essere ricostruita. L'altro fattore che può determinare un temperamento atipico nel Labrador è il risultato di riproduzioni casuali, dove i genitori non sono stati selezionati per i loro eccellenti temperamenti o potrebbero esserci persino altre razze nel mix. Acquistando sempre da un allevatore riconosciuto dall'ENCI, hai la migliore possibilità di acquisire un Labrador il cui temperamento rifletta il meglio della razza.

Chiunque prenda un Labrador Retriever dovrebbe capire che, affinché il suo temperamento risplenda, ha bisogno di avere un compito da svolgere e molte opportunità per usare il cervello e bruciare la sua considerevole energia. Qualsiasi comportamento negativo che un Labrador potrebbe sviluppare può essere il risultato di una mancanza di stimolazione: quando il proprietario di un Labrador fa la sua parte, è allora

Foto di
Tim Choldas

Foto di
Monica Hillesheim

che questo cane fa la sua, mostrando esattamente perché la razza è così amata in tutto il mondo.

Esigenze di esercizio fisico

«Le placche di crescita nei cuccioli di Labrador si chiudono a 14 mesi di età; quindi, niente corse su lunghe distanze su superfici dure fino alla fine di quel periodo. È meglio rimanere su superfici morbide come l'erba nei primi mesi».

Lori Lutz
Bowery Run Labradors

La primissima cosa che chiunque prenda un Labrador Retriever dovrebbe considerare è il fabbisogno di esercizio della razza. Un Labrador adulto dovrebbe fare almeno un'ora di esercizio al giorno, con alcuni Labrador discendenti da linee da lavoro che necessitano di 1,5-2 ore di attività al giorno. Questo esercizio può essere suddiviso in due o tre passeggiate e la maggior parte dovrebbe idealmente essere senza guinzaglio, così che il tuo Labrador possa sfogare la sua energia in eccesso ed esplorare il suo ambiente naturale. Questo rende l'addestramento al richiamo la tua priorità numero uno con un Labrador, come vedremo nel Capitolo 6.

È particolarmente importante che i Labrador facciano sufficiente esercizio, poiché il loro metabolismo lento e l'appetito vorace li rende molto inclini all'obesità, una condizione che mette grande pressione sulle loro articolazioni e gli organi vitali, influenzando il loro benessere e l'aspettativa di vita.

L'ora di esercizio raccomandata si applica solo a un Labrador adulto: quando il tuo cane raggiungerà gli anni della vecchiaia, avrà bisogno di rallentare. Naturalmente, apprezzerà ancora uscire, ma il ritmo della passeggiata dovrebbe essere più dolce e potresti scoprire che diverse uscite più brevi sono più apprezzate. Discuteremo in modo più approfondito della convivenza con un cane anziano nel Capitolo 16.

Allo stesso modo, è importante che il tuo cucciolo di Labrador non esca subito per un'ora di esercizio vigoroso, poiché le sue ossa e le placche di crescita sono ancora in via di sviluppo. Stress eccessivi sulle placche di crescita in via di sviluppo possono causare un arto adulto deformato o accorciato, che potrebbe provocare zoppia permanente o problemi in età avanzata. Le placche di crescita di un Labrador non sono tipicamente consolidate fino ai

14 mesi di età; quindi, fino a quando il tuo cucciolo non raggiunge la puber-tà, dovrebbe uscire solo per brevi passeggiate controllate. Alcune delle sue esigenze di esercizio mentale e fisico possono probabilmente essere soddi-sfatte nel tuo giardino con una palla con premi, percorsi con ostacoli bassi, giochi di ricerca olfattiva e puzzle, oltre all'addestramento quotidiano all'ob-bedienza. I cuccioli in fase di sviluppo non dovrebbero giocare a giochi ad alta intensità come il riporto, né saltare su e giù dai mobili.

Importanza della socializzazione

«Possono essere esposti fin da subito ad altri cani adeguatamente vaccinati. Una volta che il tuo cucciolo sarà completamente vaccinato, socializzalo con cani amichevoli e appropriati il più possibile. Tuttavia, non consiglio le aree cani perché altri cani non correttamente educati potrebbero provocare lesioni al tuo cucciolo».

Tiffany Ginkel
Cedar Ranch Labrador Retrievers

I Labrador sono cani estroversi e socievoli sia con gli esseri umani che con i loro simili; motivo per cui, per il loro benessere mentale, hanno bi-sogno di ampie opportunità per fare amicizia e di continuare ad appren-dere l'educazione che la madre ha iniziato a insegnare loro dal giorno in cui sono nati.

Sebbene la maggior parte dei Labrador siano cani naturalmente equili-brati, possono verificarsi problemi se un un cane non è autorizzato a socia-lizzare con altri cani ed esseri umani fin dalla tenera età. Quindi, non appe-na il tuo cucciolo riceve la sua prima serie di vaccinazioni, è un'ottima idea trovare un corso per cuccioli locale. Potresti essere in grado di localizzare corsi per cuccioli nella tua zona online; altrimenti, il tuo veterinario potrà si-curamente fornirti dei contatti o persino organizzare un corso per cuccioli presso l'ambulatorio. I corsi per cuccioli sono un ottimo trampolino di lancio per i corsi di addestramento all'obbedienza, ma nei primi giorni con il tuo cucciolo, è sufficiente incontrare altri cani e imparare a parlare la sua lingua. I cuccioli interagiscono tra loro in modo unico e, se il tuo cucciolo incontra solo cani adulti, perderà questa parte del suo sviluppo.

Puoi trovare consigli per gestire gli incontri con altri cani e socializzare il tuo cane con i bambini nel Capitolo 5.

«Assicurati di conoscere e fidarti dei cani che presenti al tuo cucciolo. Come dice il proverbio, le cattive compagnie corrompono i buoni costumi. Assicurati che gli altri animali domestici si comportino bene e non insegnino cattive abitudini al tuo cucciolo».

Kathy Jackson
Karemy Labs

Addestrabilità

«I Labrador sono abbastanza facili da addestrare perché vogliono compiacerti. Sii coerente nel modo in cui chiedi loro di fare qualcosa. L'addestramento in un contesto di classe è consigliato rispetto all'invio del cane a un addestratore, poiché l'addestramento è tanto per il proprietario quanto per il cane. I proprietari devono imparare a comunicare bene con il loro cane ed essere coerenti e chiari».

Neil e Jodi Martin
Carriage Hill Labradors

Il Labrador Retriever è una delle razze più addestrabili al mondo, motivo per cui è la prima scelta per ruoli di assistenza e ricerca e soccorso. Ciò non significa che un cucciolo di Labrador nasca già completamente addestrato e pronto all'uso, ma solo che come proprietario di un Labrador, hai il cane più intelligente e volenteroso che potresti sperare, con un enorme potenziale che aspetta solo di essere sviluppato.

Il tuo Labrador è intelligente; tuttavia, se vuoi che sia anche bravo, devi lavorare con lui, altrimenti userà la sua mente attiva per mettersi nei guai. Ricorda, è stato allevato come cane da lavoro e, anche se non hai intenzione di farlo lavorare, ha comunque bisogno di essere stimolato e mantenuto mentalmente e fisicamente attivo per essere al meglio di sé. Il Labrador risponde bene a un addestramento positivo, fermo e coerente: vuole sapere chi comanda, e renderglielo chiaro lo farà diventare il tuo migliore amico.

L'addestramento dovrebbe iniziare non appena il tuo cucciolo arriva a casa, poiché a questa età il suo cervello è una spugna e il lavoro che fai dall'inizio plasmerà la sua obbedienza per tutta la vita. Garantirà anche che, durante la crescita, non diventi un fastidio a causa della sua dimensione, forza ed energia. Un cane ben addestrato è anche meno pericoloso per se stesso.

Foto di
Rebecca Cawvey

I corsi di addestramento sono un'ottima idea anche se hai già addestrato cani in passato: con un cane intelligente come un Labrador, potresti progredire verso un addestramento avanzato e attività che tireranno davvero fuori i talenti del tuo cane e saranno divertenti per entrambi!

Ansia da separazione

Le qualità che ami nel tuo Labrador, la sua intelligenza e il suo affetto per te, sono anche le qualità che possono portare all'ansia da separazione nelle inevitabili occasioni in cui devi lasciarlo solo a casa. Quindi, affinché il tuo cane si senta a suo agio da solo, deve sapere con certezza che quando lo lasci, tornerai.

Prima insegni al tuo cane come stare da solo, meglio è, poiché l'ansia da separazione può diventare un comportamento radicato ed essere più difficile da superare più avanti nella vita.

Se hai un cucciolo e lo stai addestrando al trasportino, dovrebbe imparare a vedere il suo trasportino come il suo spazio sicuro e non una prigione. Il vantaggio di lasciare il tuo cucciolo da solo nel suo trasportino è che i cuccioli possono essere distruttivi: ricorrendo al trasportino, almeno puoi essere sicuro che non stia distruggendo la casa mentre non ci sei. Potrebbe anche sentirsi meno ansioso in uno spazio più piccolo e calmarsi più facilmente. Puoi lasciare alcuni giocattoli sicuri per tenerlo occupato, come un osso di cervo da masticare e un Kong® riempito con un premio sicuro, come cibo umido per cani o burro di arachidi (ma assicurati che la tua scelta di burro di arachidi non contenga xilitolo, che è tossico per i cani).

Quando inizi a lasciare solo il tuo cane, non devi necessariamente uscire di casa: devi semplicemente uscire dalla stanza senza fare storie e chiudere la porta. La tua assenza può durare anche solo un minuto. Non tornare dal tuo cane quando sta guaendo, altrimenti gli insegnerai che guaire ti fa tornare. Cerca di anticipare un momento prima che inizi a reagire. Poi, puoi tornare dal tuo cane e dargli un elogio gentile, ma di nuovo, non fare troppe storie: una reazione eccessiva dice al tuo cane che il tuo andare e e tornare sono eventi di rilievo, per cui rimani calmo e comportarti come se non stesse accadendo nulla di eccitante o insolito.

Se hai perso il momento giusto e il tuo cane ha iniziato a guaire, devi aspettare una pausa nelle sue vocalizzazioni in modo che capisca che ottiene ciò che vuole quando è tranquillo, non quando sta facendo rumore.

Continua regolarmente questo esercizio, aumentando gradualmente il tempo in cui lasci il tuo cane da solo. Una volta arrivato al punto in cui devi lasciare casa tua per un periodo più lungo, puoi sempre controllare che il tuo cane si stia calmando installando una telecamera apposita accessibile dal tuo telefono: in questo modo, saprai se stai procedendo troppo veloce-mente o se il tuo cane è effettivamente abbastanza rilassato in compagnia di se stesso.

Se l'ansia da separazione continua a essere un problema, alcuni cani ri-spondono bene ai prodotti farmacologici progettati per ridurre il loro stress. Questi includono i prodotti contenenti feromoni calmanti per cani, i quali imitano l'odore calmante rilasciato dalla madre durante i giorni dopo la na-scita. I prodotti con feromoni sono disponibili come diffusori per ambienti, spray o collare. Altri prodotti che potresti provare sono integratori o alimen-ti contenenti caseina o L-triptofano: la caseina è un rilassante presente nel latte materno, mentre l'L-triptofano aumenta l'ormone del benessere, la se-rotonina, nel cervello.

Se continui a riscontrare problemi con l'ansia da separazione, vale la pena consultare un comportamentista, poiché la sua esperienza potrebbe identificare un approccio efficace per indirizzare il tuo cane verso un per-corso più sereno.

Masticare

«I Labrador retriever alleviano la loro ansia masticando, quindi assi-curati di avere bastoncini bully, carote, fette di mela, corna di cervo per soddisfare il loro bisogno di masticare».

Lori Lutz
Bowery Run Labradors

Masticare può sembrare un comportamento negativo dal punto di vista del proprietario: dopotutto, implica la distruzione delle tue cose preziose! Tuttavia, è un comportamento naturale per qualsiasi cane e specialmente per un Labrador, perché come razza da lavoro progettata per recuperare la selvaggina, il tuo cane ha un istinto naturale a portare cose in bocca.

Masticare è anche una cosa positiva per un cucciolo i cui denti stan-no spuntando, poiché allevia il disagio della dentizione. Inoltre, un cucciolo usa le sensazioni nella sua bocca per esplorare il suo nuovo mondo. Il tuo compito è assicurarti che le cose che il tuo cucciolo mastica siano sicure per lui, poiché mastichérà indiscriminatamente. La maggior parte dei veterina-

Foto di Amy Seto

ri deve affrontare, prima o poi, un cucciolo che ha masticato le batterie di qualcosa lasciato in giro, come il telecomando della TV, o che ha ingoiato qualcosa non digeribile. Anche i giocattoli dei bambini saranno un obiettivo legittimo per il tuo cucciolo. Come fa a sapere quali giocattoli sono suoi e quali appartengono ai bambini della famiglia? Eppure, i giocattoli dei bambini possono essere pericolosi per il tuo cane, con componenti in plastica che possono rompersi, causare lesioni o essere ingoiati. Devi rimuovere i pericoli dalla portata del tuo cucciolo, così come qualsiasi cosa che non vuoi venga danneggiata. Addestrare il tuo cane al trasportino lo aiuterà a concentrare la sua masticazione sui suoi oggetti. Puoi anche usare un recinto per cuccioli per il tuo cane o un box per il tuo bambino e i suoi giocattoli.

«Sono molto orientati alla bocca - essendo retriever questo è cablato nel loro DNA. Non è qualcosa che eliminerai facilmente. Assicurati di avere oggetti che sono 'loro' che possono avere e portare/tenere in bocca. Se prendono qualcosa che non vuoi che abbiano, offri uno scambio con un oggetto che possono avere e poi lodali quando accettano l'offerta».

Neil e Jodi Martin
Carriage Hill Labradors

Oggetti da masticare accettabili per il tuo cane sono un corno di cervo o un Kong®, come menzionato in precedenza. Potrebbe anche apprezzare uno snack dentale o un osso di midollo crudo. Gli ossi cotti non dovrebbero mai essere dati poiché potrebbero scheggiarsi. I negozi di animali vendono anche ossi sterilizzati riempiti con un gustoso midollo morbido che il tuo cane può masticare in sicurezza anche dopo aver leccato tutto il ripieno. Le frattaglie essiccate di alta qualità possono fornire uno spuntino gustoso, ma la pelle di bovino non è raccomandata poiché è trattata chimicamente e rappresenta un rischio di soffocamento.

Loda il tuo cane per la masticazione appropriata e, se mastica qualcosa che avresti dovuto mettere via, digli semplicemente "No" con fermezza, rimuovi l'oggetto e dagli qualcosa che gli è permesso masticare.

Iperattività

Il Labrador Retriever è allevato per essere altamente attivo; pertanto, chiunque scelga questa razza dovrebbe essere pronto a impegnarsi completamente per soddisfare le esigenze di esercizio quotidiano del proprio cane. La ragione più probabile dietro un cane iperattivo è la carenza di opportunità di bruciare l'energia in eccesso o usare il suo cervello attivo. Il tuo Labrador ha bisogno di essere impegnato fisicamente e mentalmente, se non vuoi che converta la sua energia non spesa in frustrazione e diventi iperattivo.

Oltre all'esercizio, l'addestramento all'obbedienza svolto quotidianamente aiuterà il tuo Labrador a concentrarsi e usare il suo cervello in modo che si senta più appagato mentalmente. Questo è particolarmente utile per i cuccioli che non possono fare esercizio fisico intenso fino a quando le loro placche di crescita non sono consolidate.

Le linee di sangue del tuo Labrador possono essere un fattore nella sua iperattività. Per esempio, i Labrador di forti linee da lavoro vivranno la vita più intensamente e avranno più energia da spendere. Il Labrador giallo è anche considerato un cane più tranquillo rispetto a quello nero. Anche questo è dovuto al fatto che il giallo è un cane da famiglia più popolare e, di conseguenza, allevato per una natura più placida.

In casi più rari può esserci una causa fisica per l'iperattività di un cane. A volte si tratta di uno squilibrio intestinale che può essere corretto con i probiotici; altri cani possono beneficiare dell'aggiunta di acidi grassi essenziali nella loro dieta, reperibili da oli di pesce di alta qualità. L'iperattività può essere dovuta in alcuni casi a una carenza di triptofano, che si trova nel pollo e nel tacchino. Se il tuo cane fa molto esercizio fisico e mentale e stai considerando una causa alimentare per la sua iperattività, dovresti consultare il tuo veterinario per un esame fisico completo e consigli su come procedere.

★★★

Nonostante la possibilità di alcuni piccoli intoppi nelle prime fasi della vita del tuo Labrador, se fai fare al tuo cucciolo molto esercizio, investi nell'addestramento in giovane età e gli fornisci uno stile di vita sano, è probabile che finirai con un cane estremamente ben educato e di buon carattere, poiché questo è il temperamento naturale insito nei geni del Labrador Retriever.

CAPITOLO 4

Come scegliere un Labrador Retriever

«Credo sia importante che le persone facciano ricerche sulla razza. Si sente spesso dire che sono ottimi cani da famiglia (e lo sono davvero), ma non dimentichiamo che sono retriever. Questo significa che amano prendere oggetti con la bocca e sono molto inclini a ingoiare cose! Tendono anche a masticare parecchio e la fase da cucciolo generalmente dura ben 2 o 3 anni».

Lauren McNeely
Bayard Acres Labrador Retrievers

Foto di
Samantha Tillery

Acquistare o adottare?

Una volta considerati tutti i pro e i contro di possedere un Labrador Retriever e aver deciso che sei pronto ad assumerti questo impegno, il passo successivo è riflettere se acquistare un cucciolo da un allevatore o adottare un cane sfortunato da un rifugio.

Potresti già avere un'idea chiara sulla strada che vuoi percorrere: sappi che non esiste una scelta giusta o sbagliata. La tua decisione dovrebbe dipendere molto da ciò che desideri ottenere dalla convivenza con un cane. Per alcuni, potrebbe essere importante che i propri figli crescano con la compagnia di un cane, altri potrebbero avere l'intenzione di partecipare a esposizioni o lavorare con il proprio cane; nel qual caso un cucciolo potrebbe soddisfare meglio le loro esigenze. Per altri ancora, la spinta principale potrebbe essere la gratificazione di riabilitare un cane sfortunato e offrirgli una casa amorevole. Nessuno dovrebbe spingerti verso un approccio piuttosto che l'altro: la cosa più importante è che, qualunque strada tu scelga, un Labrador Retriever diventerà un membro amato e prezioso della famiglia e porterà tanta gioia nella tua vita quanta tu ne porterai nella sua.

Se aspiri a far partecipare il tuo cane a esposizioni di alto livello, dovrai acquistare un cucciolo da un allevatore registrato. Il motivo di questo è perché i cani da esposizione necessitano di documenti di pedigree, e i cani da rifugio raramente hanno questi documenti. Ciò è dovuto solitamente alle circostanze in cui sono arrivati al rifugio, ma può anche dipendere dal fatto che provengono da un allevamento occasionale o sconosciuto. A volte, un cane con pedigree viene accolto in un rifugio perché, ad esempio, il precedente proprietario è deceduto o è stato separato in altri modi dal suo cane, ma di solito il rifugio non trasferisce i documenti relativi al pedigree per dare al cane un nuovo inizio e assicurarsi che non venga venduto a scopo di lucro o utilizzato per allevamenti sfruttatori. Questo è anche il motivo per cui la maggior parte dei rifugi sterilizza i propri cani Se desideri partecipare solo a esposizioni locali amatoriali, di solito non sarà necessario presentare un certificato di pedigree, né farà differenza se il tuo cane è sterilizzato o meno.

Il Labrador Retriever è un cane da lavoro, quindi potresti essere più incline a partecipare a prove di attività che alle esposizioni di bellezza. In Italia, per alcune competizioni cinofile come le prove di lavoro per cani da riporto e le prove di caccia, avrai bisogno di un pedigree ENCI registrato per il tuo cane. Altre attività come l'agility, le prove di obbedienza e i corsi di educazione cinofila sono generalmente aperte a tutti i cani registrati.

Quindi, mentre la maggior parte dei proprietari che pianificano di competere in qualsiasi disciplina sceglierà solitamente di acquistare un cucciolo, anche i cani da rifugio possono trovare una vocazione: diversi Labrador Retriever nella "Hall of Fame" del Capitolo 2 provengono proprio da un contesto di adozione.

Foto di
Tom Morgan

Se stai scegliendo un cane da lavoro, probabilmente guarderai a specifiche linee di sangue da lavoro, motivo per cui potrebbe essere più adatto acquistare un cucciolo da genitori con propensione al lavoro comprovata e addestrarlo per il compito che dovrà svolgere. Tuttavia, a volte cani da linee di sangue da lavoro possono essere ceduti a dei rifugi perché i loro livelli di energia sono troppo elevati per una casa familiare. Spesso questi cani hanno perso l'addestramento precoce, ma un proprietario esperto di cani da lavoro può fornire a un Labrador Retriever da rifugio un nuovo inizio più adatto al suo temperamento e alle sue capacità.

Molte persone scelgono di adottare per la soddisfazione che deriva dal dare una casa a un cane sfortunato e dal ripristinare la sua fiducia nel genere umano. Non c'è dubbio che i rifugi siano pieni di cani in cerca della loro casa per sempre, anche se cani di razza come il Labrador sono meno rappresentati. Nei rifugi ci saranno comunque molti incroci di Labrador e alcuni rifugi si occupano solo di specifiche razze; quindi, vale la pena cercare online rifugi per Labrador nella tua zona se speri di trovare il tuo nuovo amico in un canile. L'adozione può essere una soluzione ideale per le persone anziane, poiché impegnarsi per l'intera durata di vita di un cucciolo, circa 12 anni, potrebbe significare guardare troppo lontano in un futuro incerto. Quindi, adottare un cane più anziano che potrebbe essere più tranquillo di un cucciolo può essere la soluzione perfetta e anche il cane potrà godersi più attenzioni individuali durante i suoi anni d'oro.

Ricercare la struttura

«Prenditi tempo e fai le tue ricerche; scegli un allevatore che allevi per le caratteristiche che stai cercando, che si tratti di linee da caccia, conformazione o semplicemente un ottimo cane da famiglia».

Lauren McNeely
Bayard Acres Labrador Retrievers

Foto di
Shauna Braun

Se hai deciso di prendere un cucciolo di Labrador, la prima cosa che dovresti annotare in cima alla tua agenda, considerati tutti i problemi di salute a cui la razza è predisposta, è cercare un allevatore rispettabile. Il primo passo nella tua ricerca dovrebbe essere il sito web dell'ENCI, sul quale puoi cercare la tua area geografica e trovare tutti gli allevatori registrati con cucciolate disponibili.

Se, tuttavia, conosci già le linee di sangue del Labrador e magari desideri acquistare un cane che provenga dalla stessa stirpe di altri che conosci e ammiri, allora potresti contattare direttamente l'allevatore. Sappi che potresti dover entrare in una lista d'attesa per un cucciolo, specialmente se proveniente dalle linee di sangue più ricercate. Questo è un aspetto positivo, poiché dimostra che l'allevatore non sta facendo riprodurre eccessivamente i suoi cani.

Quando telefoni o invii un'e-mail a un allevatore per la prima volta, ci sono alcune cose a cui prestare attenzione e domande da porre prima di fissare un appuntamento per visitare i cuccioli. Ricorda, un buon allevatore non risentirà di una raffica di domande: in realtà, accoglierà favorevolmente la tua accuratezza, poiché dimostra che stai adottando un approccio responsabile alla proprietà di un cane. I buoni allevatori sono orgogliosi della loro professionalità e saranno più che felici di discutere i loro elevati standard di benessere della razza. Dovrebbero anche apparire eccezionalmente competenti sui Labrador.

Assicurati di fare le seguenti domande:

1. Posso vedere il cucciolo con sua madre? (Tutti gli allevatori rispettabili acconsentiranno a questo.)

2. Posso vedere il pedigree della madre?

3. Quanti anni ha la madre?

4. Quante cucciolate ha avuto la madre?

5. Com'è il suo temperamento?

6. È stata sottoposta a screening per condizioni ereditarie? Posso vedere i certificati?

7. Chi è il padre?

8. Posso vedere il suo pedigree?

9. Com'è il suo temperamento?

10. Posso contattare il proprietario del padre (se appartiene a un proprietario diverso)?

11. Posso maneggiare tutti i cuccioli della cucciolata?

12. Il cucciolo è stato registrato presso l'ENCI (se di razza)?

13. Quanti anni ha il cucciolo?

14. Il cucciolo è completamente svezzato?

15. Il cucciolo è in salute?

16. Il cucciolo ha iniziato le vaccinazioni? Posso vedere il suo libretto delle vaccinazioni?

17. Il cucciolo è stato sverminato?

18. Il cucciolo ha il microchip?

19. Cosa mangia il cucciolo?

20. Che tipo di socializzazione ha avuto il cucciolo?

21. Posso vedere dove sono tenuti i cani, dove dormono e dove sono nati i cuccioli?

22. Posso avere i dati del tuo veterinario?

23. Posso restituire il cucciolo se ha problemi di salute o se le cose non funzionano?

24. Posso visitare più volte prima di portare a casa il mio cucciolo? (Un buon allevatore lo incoraggerà.)

I buoni allevatori hanno tanto interesse a garantire che i loro cuccioli vadano in buone case quanto tu ne hai nell'acquistare un cucciolo di alta qualità; quindi, non sorprenderti se l'allevatore vorrà farti a sua volta delle domande!

Informazioni sui genitori

«Assicurati che l'allevatore abbia fatto certificare la salute della coppia riproduttiva per la displasia dell'anca e del gomito attraverso la FSA (Fondazione Salute Animale) e abbia effettuato un controllo cardiaco all'età di due anni. L'allevatore dovrebbe anche effettuare test genetici per problemi ereditari come HNPK (cheratopatia nasale ereditaria), PRA e PRA-rcd (disturbi oculari), EIC (collasso indotto da esercizio) e CNM (miopatia centronucleare), un disturbo del sistema nervoso. I certificati vengono rilasciati dai centri di analisi per dimostrare che i test genetici sono stati effettuati e consegnati all'allevatore».

Lori Lutz
Bowery Run Labradors (adattato per il contesto italiano)

Dovresti chiedere all'allevatore informazioni sui test sanitari che effettua sui suoi cani da riproduzione, poiché i Labrador possono essere soggetti a molte condizioni ereditarie. I test sanitari minimi che un allevatore responsabile dovrebbe effettuare sui suoi Labrador sono:

Controlli obbligatori:

- Certificazione FSA per displasia dell'anca (gradi FCI da A a E)
- Certificazione FSA per displasia del gomito (gradi da 0 a 3)
- Esame oculistico annuale
- Test genetici per EIC (Collasso Indotto da Esercizio)
- Test genetici per CNM (Miopatia Centronucleare)

Test opzionali ma consigliati:

- Esame cardiaco
- Test genetici per prcd-PRA (Atrofia Progressiva della Retina)

- Test per HNPK (Cheratopatia Nasale Ereditaria)

Idealmente, dovresti chiedere all'allevatore di inviare via email o posta copie di questi test sanitari prima di andare a vedere i cuccioli.

Sistema di classificazione FCI per le anche: In Italia si utilizza il sistema FCI che classifica le anche con gradi da A a E, dove A rappresenta anche

Foto di
Megan Seliger

perfette ed E indica displasia grave. Gli allevatori dovrebbero far riprodurre solo genitori con gradi A o B.

Punteggi del gomito: Sono valutati da 0 a 3, dove 0 è un gomito perfetto. Idealmente entrambi i genitori dovrebbero ottenere 0.

L'allevatore dovrebbe anche inviarti una copia dei pedigree dei genitori, nel quale dovresti cercare il minor inincrocio possibile, poiché la variazione genetica protegge dalle malattie ereditarie.

Un altro aspetto da verificare in anticipo riguarda il benessere generale dei cani. Dovresti chiedere dove vivono i cani. Potrebbero essere in canili o in casa: se vivono in casa, i cuccioli saranno ben adattati all'ambiente domestico quando porterai a casa il tuo cucciolo. Se sono alloggiati in un canile, cosa più comune con i cani da lavoro, i cuccioli dovrebbero comunque trascorrere del tempo ogni giorno all'interno della casa. Dovresti ispezionare l'ambiente di vita dei cani quando fai visita all'allevatore.

Un buon allevatore dovrebbe avere la massima preoccupazione per la salute delle sue femmine da riproduzione; quindi, dovresti verificare che la madre non abbia avuto più di una cucciolata in un periodo di 12 mesi e che non abbia avuto più di tre cucciolate nella sua vita. Dovrebbe avere tra i due e gli otto anni al momento del parto.

Chiedi all'allevatore informazioni sul suo servizio e supporto post-vendita. Un buon allevatore rimarrà sempre contattabile in caso di problemi o per offrire consigli. Alcuni offriranno persino un servizio di pensione durante le vacanze. La maggior parte degli allevatori rispettabili riprenderà sempre un cucciolo se le cose non funzionano o se non sei più in grado di prendertene cura; tuttavia, questo non è una scusa per prendere un cucciolo alla leggera: l'allevatore cercherà di misurare il tuo impegno prima di affidare uno dei suoi preziosi cuccioli alle tue cure.

Una parola di cautela: Se decidi di non acquistare da un allevatore riconosciuto dall'ENCI e comprare un cucciolo di Labrador da un venditore privato, dovresti essere estremamente consapevole delle possibili insidie nascoste.

Tutti hanno sentito parlare del termine "allevamento intensivo" o "fabbrica di cuccioli" e sono sicuri che ne riconoscerebbero uno a distanza; tuttavia, molti allevatori non autorizzati mostreranno i loro cuccioli in un salotto pulito, ben lontano dai capannoni squallidi e sovraffollati sul retro dove i loro cani sono effettivamente tenuti. Inoltre, se ti vengono mostrati pedigree o certificati, potrebbero non appartenere realmente ai genitori. Acquistare un cucciolo di Labrador economico probabilmente ti costerà caro in futuro, quando il tuo cane soccomberà alla sua scarsa eredità genetica. Considera anche che questo tipo di allevamenti perpetua la sofferenza degli animali, per cui non c'è nulla di più importante per il benessere degli animali e per il tuo portafoglio a lungo termine che sostenere l'allevamento responsabile riconosciuto dall'ENCI.

Osservare il cucciolo

Il tuo cucciolo dovrebbe ereditare dai genitori tre qualità fondamentali: temperamento, salute e capacità. Potresti non avere la possibilità di incontrare il padre dei cuccioli, ma avrai visto i suoi documenti per soddisfarti riguardo alla sua salute e capacità; tuttavia, dovresti sempre vedere la madre, così potrai valutare anche il suo temperamento. Questa è la migliore guida, poiché quando incontrerai per la prima volta il tuo cucciolo a 5-8 settimane, non sarà facile capire come si svilupperà. Potresti tuttavia notare che alcuni cuccioli sono assertivi, mentre altri potrebbero essere più tranquilli. Lo standard di razza afferma che un Labrador Retriever dovrebbe essere estroverso e mai timido, ma in caso di dubbio, è una buona regola empirica cercare il cane che sembra a metà strada tra i due estremi se non vuoi dover affrontare né dominanza né paura.

Potresti già sapere se preferiresti un Labrador Retriever maschio o femmina: fortunatamente, con questa razza docile, c'è poca differenza di temperamento qualunque opzione tu scelga, specialmente se prevedi di sterilizzare o castrare il tuo cane. Una femmina di Labrador andrà in calore due volte all'anno, il che può essere disordinato e scomodo. Quindi, a meno che tu non preveda di farla riprodurre, cosa non raccomandata a meno che tu non intenda unirti agli allevatori riconosciuti dall'ENCI, è meglio far sterilizzare la tua cagna dopo il suo primo calore. Questo la proteggerà anche da un'infezione mortale dell'utero, chiamata piometra, che può colpire le femmine non sterilizzate.

È anche una buona idea castrare il tuo Labrador maschio se non intendi farlo riprodurre, poiché lo renderà meno incline a vagabondare e potenzialmente più gentile per natura. Inoltre, non diventerà un padre non intenzionale!

Se non hai esperienza con i cuccioli, è una buona idea portare con te un amico esperto per vedere la cucciolata. Questo aiuterà a garantire che il tuo cuore non governi la tua testa e che non dimentichi di cercare tutti i segni distintivi di un cucciolo sano. Se stai acquistando da un allevatore registrato, dovresti aspettarti che tutti i cuccioli soddisfino questo standard.

Dovresti osservare l'allevatore prendere in braccio i cuccioli e far caso a come questi reagiscono all'essere maneggiati. L'allevatore dovrebbe poi permetterti di prendere in braccio i cuccioli per verificare la loro salute fisica. Dovresti assicurarti che gli occhi, le orecchie e il sedere siano puliti e privi di secrezioni. Il mantello di un cucciolo dovrebbe essere setoso senza croste, la sua pancia dovrebbe essere paffuta ma non dura. Controlla che non ci sia un rigonfiamento sulla sua pancia che potrebbe indicare un'ernia ombelicale e, se stai guardando un maschio, controlla che abbia due testicoli discesi, anche se questi potrebbero non essere evidenti fino a quando non lo ritirerai dopo le 8 settimane e talvolta anche più tardi.

Quando ritirerai il tuo cucciolo, dovrebbe esserti fornito insieme a un completo kit per cuccioli contenente il tuo contratto di vendita, il certificato di registrazione e il pedigree del tuo cane, il registro delle immunizzazioni, il registro della sverminazione e consigli per la continuazione delle cure, la socializzazione, l'esercizio e l'addestramento. Riceverai anche una garanzia contrattuale, la quale dettaglierà eventuali condizioni che possono applicarsi se hai bisogno di restituire un cucciolo.

Dopo aver ritirato il tuo cucciolo, dovresti portarlo il prima possibile dal tuo veterinario per un esame fisico completo. Questo garantirà che tu non abbia sorvolato su qualche aspetto che possa influire sulla salute del tuo cane e ti darà modo di registrarlo presso il tuo veterinario per la continuazione delle sue vaccinazioni e delle cure sanitarie in corso. Dovresti cercare di evitare di formare un attaccamento troppo forte al tuo cucciolo fino a quando il veterinario non gli avrà dato il via libera, poiché sarà con te potenzialmente per i prossimi dodici anni o più, quindi deve essere la decisione giusta.

Foto di Amy Seto

Considerazioni su un cane da rifugio

Se hai deciso di adottare il tuo Labrador Retriever piuttosto che acquistarlo, devi prima identificare un rifugio che abbia Labrador. La maggior parte dei rifugi ha un sito web dove puoi visualizzare i cani disponibili per l'adozione con una breve valutazione del loro background, temperamento e del tipo di casa a cui sarebbero adatti. Oltre ai rifugi per razze miste, potresti trovare un rifugio nella tua zona specializzato in Labrador e Retriever. Il vantaggio di un'organizzazione di recupero specializzata è che sono molto esperti nella razza e in grado di valutare i cani e le loro esigenze; quindi, avrai un'indicazione affidabile di ciò che stai prendendo e il rifugio potrebbe essere in grado di fare un abbinamento perfetto.

Quando hai identificato un cane o una lista ristretta di cani a cui sei interessato, l'organizzazione di recupero ti chiederà di compilare un modulo di domanda. Questo probabilmente chiederà informazioni sulle tue circostanze personali, esperienza e alcuni dettagli relativi alla tua casa. La maggior parte dei rifugi rispettabili ti assegnerà poi un controllore a domicilio per visitare la tua casa, indipendentemente dal fatto che tu sia un proprietario di cani novizio o esperto. Questo fa parte del loro dovere di cura verso i cani di cui si sono assunti la responsabilità ed è in parte per verificare la tua identità e indirizzo di casa, quanto per assicurarsi che il tuo spazio abitativo sia adeguato e sicuro per il cane. Se il controllore a domicilio nota qualcosa che necessita di attenzione, ad esempio una recinzione troppo bassa o con un buco, oppure materiali pericolosi nel giardino, il rifugio ti chiederà di sistemare queste cose prima di poter prendere il cane.

Quando ritirerai il tuo cane, ti verrà chiesto di pagare una quota di adozione. Questa sarà generalmente modesta, da poche decine a qualche centinaio di euro, ma serve a diversi scopi importanti: in primo luogo, la quota è una misura del tuo impegno verso il cane e garantisce anche che nessuno vada in un rifugio per prendere un cane gratuito per combattimenti, allevamento o rivendita. In secondo luogo, il tuo cane da rifugio rappresenta un costo per l'organizzazione, poiché un rifugio rispettabile avrà pagato per cure veterinarie, microchip, vaccinazioni, trattamento antiparassitario, sterilizzazione, alimentazione, canile e trasporto.

Una buona organizzazione di recupero fornirà un supporto continuo per te e il tuo cane per tutta la sua vita e, come parte dell'accordo di adozione, se le tue circostanze dovessero cambiare, sarai obbligato a restituire il cane al rifugio per la ricollocazione piuttosto che trovargli un'altra casa da solo. Questo perché un rifugio si impegna per il benessere del cane per tutta la vita e garantire che non venga mai più deluso, e gli stessi controlli accurati saranno effettuati sulla prossima casa del cane come sono stati fatti sulla tua.

Un cane da rifugio potrebbe avere problemi di salute a causa di un allevamento scadente o di precedente negligenza. Potrebbe anche avere cicatrici psicologiche e non essere stato ben addestrato fin dalla tenera età. Quindi, prendendo un cane da rifugio, probabilmente avrai un lavoro aggiuntivo da fare per trasformare la vita del tuo amico a quattro zampe. I corsi di addestramento possono fornire competenza e supporto morale, e anche il tuo veterinario è una preziosa fonte di consigli. Anche il rifugio è lì per aiutarti e potrebbe essere in grado di metterti in contatto con un comportamentista, in caso ne avessi bisogno. Non dovresti mai sentirti troppo orgoglioso per chiedere aiuto, poiché tutte le figure coinvolte vogliono che la partnership funzioni.

Fortunatamente, i Labrador sono naturalmente amichevoli e addestrabili e la maggior parte delle persone non incontra problemi persistenti con la razza. Quindi, hai ottime possibilità di goderti molti anni felici e appaganti con il tuo Labrador da rifugio, e lui non si tratterrà mai dal farti sapere quanto ti apprezza!

CAPITOLO 5
Preparativi per un nuovo cane

«I cuccioli di Labrador richiedono impegno e una buona quantità di tempo fin dall'inizio, quindi assicurati che la tua agenda sia libera per il primo mese. Cerca di limitare vacanze, viaggi e visite in modo da poter creare un legame adeguato con il tuo cucciolo. Il periodo tra le otto e le dodici settimane è cruciale per stabilire un buon rapporto».

Neil e Jodi Martin
Carriage Hill Labradors

Preparare la tua casa

«Mettiti a gattoni sul pavimento e cerca qualsiasi cosa possa essere masticata. I fili elettrici sono tra i preferiti dei cuccioli e possono causare folgorazione. Assicurati di procurarti molti giocattoli per reindirizzare l'attenzione del cucciolo e crea una zona sicura dove possa stare quando non puoi tenerlo d'occhio».

Jennifer Robinson
Chestnut's Labs2Love

Che tu stia acquistando un cucciolo o adottando un Labrador da un rifugio, avrai alcune settimane per prepararti prima del giorno in cui porterai il cane a casa: questo è il momento di assicurarti che la tua abitazione sia pronta ad accogliere il nuovo arrivato.

Anche se hai già un cane e pensi che il tuo giardino sia sicuro, devi considerare il cane che stai per portare a casa, poiché potrebbe avere metodi di fuga completamente nuovi. Che tu stia portando a casa un cucciolo o un cane adulto, il tuo giardino non è ancora il suo territorio e lui non ne conosce i confini. Inoltre, non ha ancora creato un legame con te come suo punto di riferimento e responsabile delle sue cure, per cui non ha motivo di restare al tuo fianco. Perciò, qualsiasi apertura nelle recinzioni deve essere chiusa, altrimenti il tuo cane se ne andrà alla prima occasione, specialmente se è un Labrador. Se stai portando a casa un cucciolo, devi essere particolarmente attento alle vie di fuga sotto le recinzioni; se stai adottando un Labrador adulto, devi assicurarti che le recinzioni siano abbastanza alte da impedirgli di saltare. L'altezza consigliata è di due metri.

I Labrador hanno un istinto naturale per il vagabondare, specialmente i maschi non sterilizzati: finché non avrai addestrato il tuo cane a rimanere nel suo territorio, non puoi lasciarlo incustodito in giardino a meno che tu non abbia completamente messo in sicurezza i confini.

Ricorda anche che un Labrador è un cane di razza e un potenziale obiettivo per i ladri di cani, motivo per cui dovresti assicurarti che il cancello sul retro sia sempre chiuso a chiave. Se il tuo cancello non ha una serratura, assicurati di installarne una prima di portare a casa il cane.

Se sei un appassionato di giardinaggio o hai bambini che giocano in cortile, dovrai accettare che d'ora in poi il tuo giardino sarà anche il bagno e lo spazio di gioco del tuo cane e che potrebbe scavare buche e mangiare pian-

te, indipendentemente dal fatto che siano tossiche o meno. Quindi, se il tuo giardino è abbastanza grande, considera la possibilità di dividerlo in modo da poter mantenere integra la tua area dedicata al giardinaggio e permettere ai bambini di giocare in sicurezza lontano da eventuali escrementi che potresti non aver visto. Nell'area del cane, potresti creare una buca di sabbia dove possa soddisfare il suo istinto di scavare in uno spazio dove non può causare danni.

Vorrai raccogliere i bisogni del tuo cane quotidianamente, quindi potresti pensare a dove smaltirli e tenere pronta una paletta per la raccolta.

Se utilizzi metodi chimici per il controllo dei parassiti, come esche per lumache, trappole per formiche o esche per topi, ma anche fertilizzanti chimici, questi non dovrebbero più essere usati nelle parti del giardino a cui il tuo cane ha accesso. Potresti considerare metodi più naturali di controllo dei parassiti e giardinaggio biologico. Inoltre, se coltivi frutta e verdura, assicurati che il tuo Labrador non abbia accesso a cipolle, viti d'uva, frutti con nocciolo, broccoli, rabarbaro, pomodori acerbi o alle parti verdi delle piante di patate.

Se hai qualsiasi elemento pericoloso nel tuo giardino, come lastre di vetro, rifiuti o funghi, questi dovrebbero essere rimossi prima dell'arrivo del tuo cane. Se stai adottando, questi aspetti saranno probabilmente stati evidenziati durante il controllo della casa. Se, invece, stai acquistando il tuo primo cucciolo, potresti chiedere a un amico esperto proprietario di cani di controllare il tuo giardino per vedere se hai trascurato qualcosa.

Per quanto riguarda l'interno della casa, dovresti considerare se vuoi che il tuo nuovo cane abbia accesso a tutta la casa o se preferisci limitarlo a certe aree. È sempre meglio iniziare con delle restrizioni e allentarle in seguito, piuttosto che imporre limiti dopo che il tuo cane si è già abituato alla totale libertà. Inoltre, quando stai insegnando al tuo cane a fare i bisogni fuori, è utile tenerlo principalmente in stanze con pavimenti duri facili da pulire. Se prevedi di addestrare il tuo cane a usare il trasportino, dovresti pensare a dove posizionarlo. Questo sarà lo spazio dove il tuo cane dormirà di notte; quindi, dovrebbe essere lontano da correnti d'aria. Tuttavia, il tuo cane vorrà anche avere compagnia quando usa il trasportino durante il giorno, quindi la cucina o un angolo del soggiorno di solito funzionano meglio. Il tuo cane dovrebbe vedere il trasportino come il suo spazio sicuro, motivo per cui lasciare la porta aperta e permettergli di scegliere di entrarci è il modo migliore per farglielo accettare. Puoi rendere il trasportino attraente per lui mettendoci dentro una coperta morbida, giocattoli e oggetti sicuri da masticare.

Ispeziona le stanze dove il tuo cane potrà accedere e valuta se è necessario rimuovere qualcosa che potrebbe distruggere o che potrebbe essere pericoloso per lui, come ad esempio oggetti fragili, dispositivi con batterie, scarpe, giocattoli per bambini, libri, medicinali, cibo e qualsiasi cosa a cui tieni particolarmente. Ricorda, la dentizione fa venire al tuo Labrador voglia di masticare, ma la noia lo renderà ancora più distruttivo. L'ansia da separazione potrebbe persino portarlo a distruggere il divano o gli stipiti delle porte: addestrare il tuo Lab a usare il trasportino fin dall'inizio è una buona idea, e avere uno spazio sicuro può renderlo meno ansioso e più incline a tranquillizzarsi.

Se stai prendendo un cucciolo, ci saranno sicuramente incidenti in casa nei primi giorni, ma anche se stai adottando un Labrador adulto potresti dover fare un po' di addestramento per i bisogni, specialmente se ha sempre vissuto solo in un canile. Se hai pavimenti duri la pulizia sarà rapida e facile, ma se hai tappeti, vale la pena investire in una lavamoquette e in un detergente enzimatico per gestire prontamente qualsiasi incidente. Potresti anche considerare di togliere i tappeti per i primi mesi. I Labrador imparano velocemente, quindi dovresti presto padroneggiare l'addestramento per i bisogni. Puoi trovare alcuni consigli su questo argomento nel Capitolo 6.

Andare a prendere il tuo cane probabilmente comporterà il suo primo viaggio in auto: ricorda che potrebbe soffrire di mal d'auto durante il tragitto verso casa. È anche probabile che faccia pipì o pupù; quindi, assicurati di mettere alcuni vecchi asciugamani in auto e delle salviette, oltre a una ciotola e una bottiglia d'acqua se il viaggio è lungo. Il Capitolo 7 tratta dei viaggi con il tuo cane e ti aiuterà a decidere come sistemare il tuo cane per i viaggi in auto. Il tuo cane non dovrebbe mai essere lasciato libero in auto, per la sua sicurezza e per evitare che causi un incidente. Questo è un requisito legale in alcuni Paesi; quindi, dovrai pensarci in anticipo e acquistare un trasportino o un'imbracatura per il primo viaggio del tuo cane verso casa.

Un po' di previdenza durante le emozionanti settimane che precedono l'arrivo del tuo nuovo cane risolverà qualsiasi problema prima che si verifichi e garantirà che si integri nella tua famiglia e nella tua casa fin da subito!

Lista della spesa

«La stimolazione mentale è importante quanto l'esercizio fisico, quindi procurati giochi di intelligenza, palline che dispensano premietti, giocattoli da nascondere perché il tuo cane li trovi, ecc.»

Tiffany Ginkel
Cedar Ranch Labrador Retrievers

Se questo è il tuo primo cane, la lista delle cose da procurargli può sembrare eccessiva; ma mentre alcune cose sono essenziali, la maggior parte degli accessori che vedrai nel negozio di animali sono lussi che potresti voler acquistare in seguito, ma di cui non hai bisogno fin dall'inizio. Qui esamineremo i tuoi requisiti di base.

Trasportini

Per cominciare, che tu preveda o meno di addestrare il tuo cucciolo a usare il trasportino, questo è comunque utile per vari motivi. Innanzitutto, potrebbe essere il tuo metodo preferito per far viaggiare il cane in auto. È anche utile averlo in casa come spazio sicuro per il tuo cane, anche se non lo chiudi mai dentro. Può separare il tuo cane se ha bisogno di una pausa dai bambini o da altri cani e, se si ferisce o si ammala, può usarlo per riposare mentre guarisce.

Puoi acquistare trasportini in metallo o in tessuto, ma sia che tu stia prendendo un cucciolo o un cane da un rifugio, un trasportino in metallo è migliore perché resiste ai morsi. Puoi acquistare coperture speciali per i trasportini in metallo per aiutare il tuo cane a sistemarsi durante la notte, op-

Foto di
Christianna Legner

pure puoi semplicemente usare un asciugamano o una coperta. Se intendi usare il trasportino per insegnare al tuo Labrador a fare i bisogni fuori,
è importante non comprarne uno troppo grande, anche se ci crescerà dentro: un cane ha l'istinto di non sporcare il suo giaciglio, ma se il trasportino
è grande, può semplicemente fare i bisogni nell'angolo opposto, invece di
aspettare di essere portato in giardino. I cani preferiscono anche sentirsi
abbastanza raccolti nel loro trasportino; questo significa che potresti dover
iniziare con un trasportino medio e comprarne uno più grande quando il
tuo cane cresce. Per limitare le spese, puoi sempre comprare un trasportino
di seconda mano e vendere il vecchio quando passi a una taglia più grande.

Cucce e lettini

Il tuo Labrador avrà anche bisogno di una cuccia. Anche se dormirà nel
trasportino di notte, potrebbe comunque apprezzare una cuccia in un'altra
parte della casa da usare durante il giorno quando vuole starti vicino. Come
per il trasportino, il tuo cucciolo di Labrador crescerà e supererà le dimensioni della sua cuccia; quindi, non ha senso investire in qualcosa di troppo

Foto di
Brittany Pescara
Black Swamp Labradors

costoso, specialmente perché è probabile che la mastichi. Per questo motivo, le cucce in plastica sono ideali per i cuccioli. Puoi renderle comode con vecchi asciugamani o coperte. Le cucce in tessuto imbottite possono sembrare più accoglienti, ma il tuo cane sicuramente tirerà fuori l'imbottitura per divertirsi, motivo per cui è meglio che passi a una cuccia più lussuosa in seguito. Oltre a creare disordine, vista la tendenza dei Labrador a mangiare di tutto, l'imbottitura può rappresentare un vero rischio di blocchi gastrointestinali.

Collari, pettorine e guinzagli

Le prossime cose di cui avrai bisogno sono un collare, una pettorina e un guinzaglio. Collari e pettorine sono solitamente regolabili; quindi, finché puoi renderli abbastanza piccoli per il tuo cane, gli andranno bene anche per parte della sua crescita. È particolarmente importante che il tuo cane indossi un collare dotato di targhetta identificativa, che dovresti avere a portata di mano prima che arrivi a casa tua. I primi giorni sono quelli in cui il tuo Labrador è più propenso a vagabondare o scappare. La targhetta identificativa del tuo cane dovrebbe avere come minimo il tuo numero di cellulare attuale. L'indirizzo è opzionale, ma le targhette identificative generalmente non riportano il nome del cane. Se il tuo cane non è microchippato, dovresti chiedere al tuo veterinario di inserire un microchip al primo appuntamento, poiché è una forma di identificazione che non può andare persa o essere rimossa dai ladri e potrebbe portare al ritorno del tuo cane dopo un furto o uno smarrimento. Parleremo ulteriormente del microchip nel Capitolo 11.

La pettorina è consigliata per due motivi principali: in primo luogo, un cane può facilmente sfilarsi il collare, ma è meno probabile che riesca a liberarsi da una pettorina; in secondo luogo, una pettorina distribuisce la trazione del guinzaglio sul petto, piuttosto che tirare sulla delicata zona del collo. Anche se il tuo Labrador imparerà a camminare con il guinzaglio allentato, all'inizio è sicuro che tirerà, e devi evitare che si faccia male al collo. Per lo stesso motivo, non dovresti mai acquistare un collare a strozzo o frequentare un corso di addestramento dove viene utilizzato questo metodo severo.

L'unico guinzaglio di cui avrai bisogno in questa fase è un guinzaglio corto, con gancio, fatto di tessuto o pelle. Non è necessario acquistare un guinzaglio estensibile, poiché addestrerai il tuo Labrador a camminare bene con un guinzaglio corto e gli insegnerai a tornare quando lo chiami in modo che possa divertirsi senza guinzaglio. I guinzagli estensibili hanno la loro utilità, ma possono anche causare incidenti. Potresti considerare l'acquisto di una lunghina per l'addestramento al richiamo, ma questo è opzionale, come vedremo nel Capitolo 6.

Foto di
Kristin Daniello

Ciotole

Le uniche altre cose essenziali di cui il tuo cane avrà bisogno in questa fase sono le ciotole per cibo e acqua. Queste non devono necessariamente provenire dal negozio di animali, ma dovrebbero essere pesanti per evitare di essere spinte in giro sul pavimento. Il tuo nuovo cane potrebbe arrivare con un po' del suo cibo abituale, specialmente se stai acquistando un cucciolo. In caso contrario, dovresti chiedere cosa sta mangiando attualmente il cane e continuare con la sua dieta regolare mentre si ambienta. Se scegli di passare a una dieta diversa nelle settimane a venire, ricorda che il passaggio dovrebbe avvenire gradualmente. Parleremo di più della nutrizione nel Capitolo 8.

Presentare il tuo nuovo Labrador Retriever ad altri cani

«Quando presenti un nuovo cucciolo ad altri animali domestici, fallo sempre in una zona neutrale della casa, lontano dalle ciotole del cibo, dai giocattoli preferiti o dalle aree di riposo favorite. Tieni il cucciolo a cavalcioni sul tuo avambraccio con il posteriore rivolto verso l'esterno in modo che l'altro animale possa annusarlo. Assicurati che l'altro animale o gli altri animali siano al guinzaglio e tenuti da un'altra persona nel caso sia necessario allontanarli. Se in casa c'è più di un cane, presentane solo uno alla volta. Metti il cucciolo nel trasportino per proteggerlo e permetti agli altri animali di girare intorno al trasportino senza guinzaglio per annusarlo attraverso la gabbia. Non mettere il cucciolo sul pavimento a meno che tu non sia completamente sicuro che gli altri animali non lo attaccheranno per gelosia o paura».

Lori Lutz
Bowery Run Labradors

Se hai già un cane, potresti essere impaziente di portare a casa un nuovo amico per lui, e nella maggior parte dei casi i cani andranno d'accordo; tuttavia, potrebbe non essere amore a prima vista. Il tuo cane residente vede la tua casa come il suo territorio e la tua famiglia come parte del suo branco, per cui potrebbe non essere così disposto a condividere spazi e persone con il nuovo arrivato. Inoltre, se il tuo cane residente è anziano e stai portando a casa un cucciolo, sappi che i cani più vecchi possono essere piuttosto intolleranti verso i cuccioli e che i cuccioli potrebbero mancare di rispetto verso altri cani mentre stanno ancora imparando le regole. Quindi, le presentazioni attente sono importanti per assicurarsi che la nuova relazione inizi nel modo migliore.

Se stai adottando un cane da un rifugio, magari ha già incontrato il tuo cane residente a un "incontro conoscitivo". I rifugi spesso vogliono capire come il loro cane andrà d'accordo con il tuo, ma per mantenere l'incontro il più possibile privo di stress, un incontro conoscitivo di solito si svolge in un luogo neutrale, lontano dal territorio della tua casa. Quindi, anche se i tuoi cani sono andati d'accordo all'incontro conoscitivo, ora devono imparare a condividere il loro spazio vitale e i loro umani per la prima volta.

Il posto peggiore per far incontrare per la prima volta il tuo nuovo cane con il tuo cane residente è sulla soglia di casa: questo rappresenta un confronto immediato e mette il tuo cane residente sulla difensiva, perché un cane sconosciuto sta per entrare nel suo territorio. Quando porti a casa il tuo nuovo cane, dovresti portarlo nel giardino sul retro. Se al tuo giardino si può accedere solo attraverso la casa, chiedi a un amico o a un familiare di portare il tuo cane residente a fare una passeggiata quando stai per arrivare. Permetti al tuo nuovo cane di familiarizzare con il giardino giusto il tempo necessario per elaborare il nuovo ambiente, poi fai uscire il tuo cane residente con calma e senza agitazione. Sii pronto per una serie di reazioni che si susseguiranno rapidamente, possibilmente dallo shock alla curiosità, all'eccitazione, al rimprovero, all'inseguimento e si spera al gioco e all'accettazione. Dovresti fare un passo indietro e lasciare che i cani si gestiscano da soli, ma sii pronto a intervenire se noti segnali di avvertimento di aggressività. Nella maggior parte dei casi, un primo incontro in giardino sarà abbastanza tranquillo perché il cane residente non sa che il nuovo arrivato è qui per restare e pensare che potrebbe essere solo in visita per giocare. Quindi, non si sentirà così sulla difensiva come se il primo incontro fosse avvenuto in casa.

Se non hai un giardino sicuro, il tempo è brutto o c'è qualche altro motivo per cui la presentazione non può avvenire all'esterno, hai comunque altre possibilità per gestire le prime presentazioni in casa o in appartamento in modo corretto. In questo caso, il cane residente dovrebbe essere portato a fare una passeggiata mentre il nuovo cane viene portato in casa e gli viene dato abbastanza tempo per elaborare il suo ambiente e sistemarsi. Poi, il tuo cane residente dovrebbe essere riportato con calma in casa per trovare il nuovo arrivato già lì e sistemato. Anche in questo caso, l'incontro iniziale potrebbe essere teso e potrebbero esserci anche alcuni screzi, ma dovresti rimanere calmo ed evitare di reagire in modo eccessivo mentre i cani fanno conoscenza. Se hai bambini, è una buona idea che siano altrove mentre i tuoi cani si incontrano per la prima volta, poiché non vuoi aggiungere più eccitazione del necessario all'incontro.

Una volta completate le vaccinazioni del tuo cucciolo, potrà uscire al parco e incontrare altri cani di tutte le età. Tuttavia, è di vitale importanza che il tuo cucciolo non abbia un'esperienza negativa di socializzazione e, poiché i cuccioli possono essere piuttosto esuberanti, potrebbero mettere alla prova la pazienza di alcuni cani, specialmente quelli anziani. Quindi, mantieni sempre gli incontri brevi e positivi e chiedi sempre il pieno permesso degli altri proprietari di cani. La socializzazione precoce dovrebbe avvenire al guinzaglio, in modo da poter estrarre facilmente il tuo cucciolo dalla situazione se le cose sembrano prendere una brutta piega.

Dovresti sempre essere consapevole del linguaggio del corpo canino nel supervisionare gli incontri con altri cani. È naturale che due cani si avvicinino l'uno all'altro naso a naso, per poi girarsi ad annusare l'altra estremità. Dovrebbero apparire rilassati, con la coda che scodinzola dolcemente. Se il corpo e la coda si irrigidiscono o la coda inizia a vibrare, il cane potrebbe essere pronto a mordere, specialmente se le labbra si ritraggono. Questo è un segnale immediato di terminare l'incontro prima che un'esperienza positiva diventi negativa e danneggi la fiducia del tuo cucciolo o, addirittura, causi lesioni.

Presentare il tuo nuovo Labrador Retriever ai bambini

Il Labrador Retriever è un ottimo cane da famiglia e, nella maggior parte dei casi, andrà perfettamente d'accordo con i bambini. Tuttavia, il rapporto tra il tuo cane e i bambini inizia prima di tutto insegnando ai tuoi figli come comportarsi con i cani.

Se questo è il tuo primo cane e i tuoi bambini sono abbastanza piccoli senza molta esperienza con i cani, dovresti utilizzare il tempo che precede l'arrivo del tuo cane per portare i tuoi bambini a visitare amici con cani adatti ai bambini. Queste presentazioni dovrebbero essere guidate con molta attenzione da te, in modo che i cani non siano sottoposti a stress. Se i tuoi bambini non riuscissero a rispettare le regole di queste presentazioni, potresti dover riconsiderare l'idea di portare un cane nella tua casa in questa fase della loro crescita.

Spiega ai tuoi bambini che devono essere molto gentili quando salutano un cane e che non devono correre mai verso di lui o afferrargli le orecchie o la coda. Dì loro di avvicinarsi al cane di lato, parlandogli dolcemente per evitare di prenderlo di sorpresa. Dì loro di offrire al cane un pugno chiuso da annusare, e poi mostra ai tuoi bambini i punti sul corpo di un cane dove gli piacerà essere accarezzato, come la parte posteriore del collo e la schiena. Assicurati che i tuoi bambini sappiano che non dovrebbero cercare di accarezzare il cane mentre mangia o dorme. Se i tuoi bambini sono più grandi, puoi spiegare il linguaggio del corpo di un cane e come individuare i segnali di avvertimento di aggressività, come spiegato nella sezione precedente. Inoltre, dovresti cercare di coinvolgere i tuoi bambini nella cura del tuo cane, portandolo a passeggio, nutrendolo e spazzolandolo, in modo che il tuo nuovo cane impari a rispettare i tuoi bambini come parte del team che provvede alle sue esigenze.

Se il tuo Labrador Retriever è dominante per natura, c'è sempre il rischio che cerchi di infiltrarsi nella gerarchia della famiglia assumendo il secondo posto dopo te e il tuo partner, ma prima dei bambini. Questo può portarlo a ringhiare, mostrare i denti ai bambini o persino mordere, nonostante non faccia parte del comportamento naturale di un Labrador. Coinvolgere i tuoi bambini nella cura del cane, e soprattutto nel suo addestramento, aiuterà ad affrontare questo problema. Se il tuo cane tende a essere dominante, assicurati che dorma al piano di sotto e mai nelle camere da letto, specialmente non sul letto matrimoniale, poiché questo gli farà capire che è lui il capo e può stabilire le regole della casa.

Fortunatamente, il Labrador non è un cane aggressivo per natura e, per molti versi, completa la famiglia. Per un bambino, crescere con un cane insegna rispetto, gentilezza, dolcezza e responsabilità, oltre a incoraggiare anche l'esercizio fisico. Inoltre, avere un Labrador in famiglia può definire l'infanzia di un bambino e creare un ricordo che porterà gioia per una vita intera.

CAPITOLO 6
Addestramento

"Inizia ad addestrare il tuo cucciolo appena lo porti a casa: nulla danneggerà i suoi progressi quanto lasciare che se la cavi con comportamenti scorretti fino ai sei mesi di età."

Kathy Jackson
Karemy Labs

Foto di
Sue Joy

Che tu stia portando a casa un cucciolo o un Labrador Retriever da un rifugio, dovrai fare un po' di addestramento con il tuo nuovo arrivato. Il Labrador Retriever è naturalmente intelligente e addestrabile, quindi, per molti aspetti, i progressi con un cucciolo potrebbero essere più rapidi rispetto al rieducare un cane più anziano con comportamenti già radicati. Se hai già addestrato cani in passato avrai i tuoi metodi collaudati, ma se sei nuovo all'addestramento o gradiresti un po' di supporto, è un'ottima idea iscriverti a un corso di addestramento. Per non confondere il tuo cane, dovresti attenerti ai metodi utilizzati nel tuo corso, ma se stai addestrando il tuo cane a casa, ci sono degli eccellenti tutorial online che mostrano come insegnare tutti i comandi di base.

Sebbene esistano molti metodi di addestramento diversi, la cosa importante da notare è che i metodi severi, ad esempio quelli che utilizzano collari a strozzo o punizioni, sono stati ampiamente screditati e si sa che non funzionano, anzi: non faranno altro che creare un cane timoroso e potrebbero persino causare lesioni fisiche, per non parlare dei danni al vostro rapporto. Oggigiorno, i metodi di addestramento più raccomandati utilizzano il rinforzo positivo, dove il cane viene premiato per l'azione corretta, imparando così ciò che gli viene richiesto. Il rinforzo positivo rende il tuo cane desideroso di imparare e rafforza il vostro legame. La ricompensa che dai al tuo cane può essere semplicemente una lode o il suo giocattolo preferito, ma di solito include un piccolo premio alimentare. Per un cane come il Labrador questo è un enorme incentivo, il che potrebbe essere uno dei motivi per cui è una delle razze canine più addestrabili al mondo! Ricordati di regolare la porzione di cibo abituale del tuo cane mentre stai usando premi alimentari, poiché i Labrador sono inclini all'aumento di peso.

I bocconcini premio sono disponibili in commercio, ma puoi anche usare piccoli pezzi di salsiccia o pezzetti di fegato essiccato. Tuttavia, per un Labrador, anche le sue normali crocchette saranno una motivazione sufficiente!

Anche l'addestramento con il clicker è un metodo popolare: è esattamente come il rinforzo positivo o l'addestramento basato sul premio, ma oltre alla ricompensa, il proprietario usa un clicker per ogni azione corretta. Il suono del clicker è un segnale aggiuntivo per il cane che ha fatto l'azione giusta, con i premi alimentari che possono essere gradualmente ridotti a favore del solo clicker.

In questo capitolo troverai un breve riassunto su come addestrare il tuo cane.

Educazione ai bisogni

"Usa il metodo di addestramento con il trasportino. Se non sei a casa o non puoi sorvegliare il cucciolo, mettilo nel trasportino. Potrebbe sembrare crudele, ma i Labrador finiscono per amare il loro trasportino e considerarlo un luogo sicuro. Inoltre, non permettere mai che faccia i bisogni in casa o tornerà nello stesso punto, lo annuserà e ci farà di nuovo i bisogni. Quando fai uscire il cucciolo dal trasportino, o quando ha finito di mangiare, portalo subito fuori nella stessa area ogni volta."

Lauren McNeely
Bayard Acres Labrador Retrievers

Se hai portato a casa un cucciolo di Labrador, l'educazione ai bisogni sarà la prima cosa che dovrà imparare. Se hai adottato il tuo Labrador da un rifugio, può già essere abituato a non sporcare in casa; tuttavia, molti cani da rifugio non lo sono, o perché non sono mai stati addestrati correttamente o perché hanno sempre vissuto all'aperto. Addestrare un cane più anziano può essere più difficile, ma hai due elementi a tuo favore: per un cane

è naturale mantenere pulita la sua area di riposo e stai addestrando un Labrador, che per natura impara velocemente.

È proprio per l'istinto del cane di mantenere pulita la sua area di riposo che molte persone preferiscono l'addestramento con il trasportino. Se il tuo cane accetta un trasportino, cosa che la maggior parte dei cuccioli farà, anche se alcuni cani più anziani potrebbero non farlo, eviterà istintivamente di sporcarlo, a condizione che gli vengano date molte opportunità di fare i bisogni all'aperto.

Ci sono due cose da notare con l'addestramento con il trasportino: primo, se il tuo trasportino è troppo grande, il tuo cane può semplicemente fare i bisogni nell'angolo opposto al suo letto; secondo, è fondamentale non farlo aspettare se ha bisogno di fare i bisogni, specialmente con un cucciolo che non ha ancora sviluppato il controllo muscolare. Quindi, porta il tuo cane in giardino ogni ora per iniziare: è qui che gli insegnerai a fare i bisogni a comando.

L'insegnamento di parole di comando al tuo cane è noto come addestramento associativo: con questo, fondamentalmente gli stai insegnando il linguaggio umano. Quindi, perché sia efficace, nella fase di addestramento devi usare la parola di comando solo quando sta eseguendo l'azione corretta, mai prima: questo perché il tuo cane deve associare la parola all'azione attraverso la ripetizione costante e la ricompensa. Una volta che la parola è cementata nel suo cervello come associata all'azione, potrai usarla come comando per chiedergli l'azione corretta. Questo processo non può essere affrettato, perché se usi la parola come comando prima che il cane abbia fatto l'associazione, inizierà ad associarla al correre in giro facendo le sue cose e il tuo lavoro sarà vanificato.

Insegnare a un cane a fare i bisogni in modo appropriato richiede pazienza. Per alcuni cani viene naturale e richiede solo pochi giorni, mentre altri potrebbero impiegare diverse settimane per capire che dovrebbero fare i bisogni fuori. All'inizio, devi lavorare con gli istinti naturali del tuo cane di non sporcare il suo letto e di fare i bisogni quando sente l'erba sotto le zampe. Inoltre, la maggior parte dei cani, in particolare i maschi, istintivamente copriranno l'odore di un altro animale con la propria urina, un altro incentivo a fare i bisogni fuori.

Nei primi giorni di educazione ai bisogni, porterai semplicemente il tuo cane fuori per la sua pausa e aspetterai pazientemente, osservando attentamente il tuo cane per il primo segno che sta per fare i bisogni. Con un cucciolo questo potrebbe essere solo accovacciarsi, poiché i cuccioli maschi non necessariamente alzano la zampa. Quando sei sicuro che il tuo cane sta iniziando a fare i bisogni, puoi usare la tua parola di comando scelta. Può essere qualsiasi cosa con cui ti senti a tuo agio, purché tu sia coerente nel suo uso e non suoni simile alle tue altre parole di comando. "Fai" è una popolare parola di comando per i bisogni. Quando il tuo cane ha finito, dovresti fargli molte coccole e dargli un piccolo premio per mostrargli che ha fatto la cosa giusta.

Se non stai usando il trasportino, dovrai osservare attentamente il tuo cane in casa perché, se si abitua a fare i bisogni dentro casa, perderai l'iniziativa. Portalo fuori frequentemente e, se lo vedi prepararsi a fare i bisogni in casa, portalo fuori rapidamente. Se sei in ritardo non dovresti mai rimproverare il tuo cane, poiché lo renderà timoroso e potrebbe fare ancora più bisogni a causa dello stress. Pulisci semplicemente l'area accuratamente con un detergente enzimatico per scomporre l'ammoniaca, poiché i cani sono attratti dalle aree dove sentono questo prodotto chimico naturale e può portarli a marcare ripetutamente nello stesso punto.

L'uso di tappetini per cuccioli o giornali in casa non è raccomandato, poiché danno al cane il permesso di fare i bisogni in casa e gli fanno capire che una consistenza morbida sotto le zampe va bene per fare i bisogni, portandolo a liberarsi anche su tappeti e mobili. Il tuo cane deve imparare che solo avere l'erba o la terra sotto le zampe gli dà il permesso di fare i bisogni.

Il tuo Labrador imparerà sicuramente velocemente perché è intelligente; tuttavia, se in una fase successiva noti che regredisce e inizia a fare i bisogni in casa di nuovo, dovresti portarlo dal tuo veterinario per un controllo. Potrebbe avere una malattia o un'infezione oppure sentirsi sotto stress psicologico, il che potrebbe essere aiutato dal tuo veterinario o da un comportamentalista. Una regressione è molto raramente colpa del tuo Labrador, poiché tutto ciò che vuole veramente è compiacerti.

Come insegnare il comando "Seduto"

"Mantieni sempre le sessioni di addestramento per seduto, a terra, riporta non più lunghe di dieci minuti per i cuccioli. È utile fare l'addestramento appena prima dei pasti, così apprezzano la ricompensa."

Lori Lutz
Bowery Run Labradors

"Seduto" è un comando importante da insegnare al tuo Labrador, perché crea una situazione in cui il cane è concentrato e statico, pronto per qualsiasi comando aggiuntivo che potrebbe seguire. È anche un comando importante per la sicurezza del tuo cane. "Seduto" è un comando facile da imparare per il tuo cane che, nell'essere premiato per il suo risultato, sarà ancora più desideroso di scoprire i prossimi passi nella sua educazione!

Per iniziare a insegnare qualsiasi cosa al tuo cane, hai bisogno della sua completa attenzione. I cuccioli sono pieni di energia, quindi questo potrebbe essere una sfida all'inizio; tuttavia, il tuo Labrador probabilmente sarà molto concentrato se hai un gustoso premio in mano pronto per lui. Se stai addestrando un cucciolo, devi inginocchiarti sul pavimento al suo livello.

Inizia insegnando "Guardami" al tuo cane. Per guadagnare il premio, tutto ciò che il tuo cane deve fare è mantenere un contatto visivo sostenuto con te. Dopo diverse ripetizioni, dovrebbe capire che è il momento di prestarti attenzione.

Con l'attenzione del tuo cane concentrata su di te, porta la mano con il premio chiuso verso il naso del tuo cane. Ora, con un movimento fluido, porta il premio sopra la testa del tuo cane. Con questo movimento, il posteriore del tuo cane si abbasserà istintivamente. Quando il suo sedere tocca il pavimento, è il momento di usare la parola di comando "Seduto" e dargli il premio e qualche coccola.

Foto di
Fernando Yoc

Se il tuo cane non si siede istintivamente con questa azione, ma gira o salta, devi rimanere paziente. Non dovresti forzare il tuo cane nella posizione seduta, ma puoi guidare delicatamente il suo posteriore con la mano libera. Quando l'avrà fatto correttamente alcune volte, capirà l'idea e diverse ripetizioni in più la fisseranno nella sua mente.

Man mano che il tuo addestramento progredisce, puoi svezzare il tuo cane dal segnale della mano, rendendolo più accennato. A questo punto, il tuo cane avrà fatto la connessione con la parola "Seduto". Quindi, arriverai alla fase in cui potrai usare la parola di comando per chiedergli di sedersi prima dell'azione. All'inizio potrai premiarlo ogni volta che si siede, ma col tempo, potrai svezzarlo anche dal premio, in modo che la lode da sola sia la sua ricompensa.

Non devi raggiungere tutte queste fasi in una sessione di addestramento. In effetti, per la maggior parte dei cani, raggiungere tutte le fasi in una sessione di addestramento è impossibile. In media, ci vorranno diverse settimane per imparare le basi e alcuni mesi in più per rafforzarle. Mantieni le sessioni di addestramento brevi e concludile con una nota positiva. Integra l'addestramento nella sua routine quotidiana in modo che diventi presto una seconda natura, e non sarà un peso per nessuno di voi.

Come insegnare il comando "Resta"

"Resta" è un comando potenzialmente salvavita da insegnare al tuo cane. Richiede grande obbedienza da parte sua perché gli stai chiedendo di ignorare il suo istinto, che potrebbe essere di seguirti, correre in giro o inseguire qualunque cosa abbia attirato la sua attenzione.

Insieme al comando "Resta", devi anche insegnare un comando per liberare il tuo cane dal "Resta". Una buona parola per questo è "Libero". Devi controllare il tuo cane sia mentre è fermo sia quando lo liberi, in modo che prenda le sue istruzioni da te e non inizi a pensare che può terminare il "Resta" quando vuole.

Passo 1: per insegnare "Resta", prima comanda il tuo cane di mettersi nella posizione "Seduto", in modo che sia fermo, concentrato e pronto a imparare.

Passo 2: puoi quindi usare la parola "Resta" mentre lui sta restando, ma non premiarlo ancora o penserà che il suo lavoro è finito.

Passo 3: libera il tuo cane facendolo spostare dalla posizione di "Seduto" con un premio nella tua mano.

Passo 4: appena si alza, usa la parola "Libero".

Una volta che hai insegnato al tuo cane ad associare la parola con l'azione, puoi liberare il tuo cane con solo la parola "Libero" e nessuna azione della mano, per poi dargli il premio e qualche coccola.

Quando il tuo cane ha padroneggiato il concetto di "Resta" e "Libero", dovresti dargli il comando "Resta", poi camminare alcuni passi prima di liberarlo. Se cerca di seguirti, torna e digli di nuovo "Resta". Se questo non gli viene naturale, puoi chiedere a un aiutante di tenere il collare del tuo cane mentre ti allontani e di lasciarlo andare quando lo liberi. Man mano che impara lo schema, il tuo aiutante può lasciare andare prima, poi fare un passo indietro e, infine, farsi da parte del tutto. Aumenta la distanza a cui ti allontani e il tempo in cui tieni il tuo cane sotto il comando "Resta" man mano che il tuo addestramento progredisce, alla fine muovendoti fuori dalla vista del tuo cane mentre rimane fermo sotto "Resta".

Come insegnare il comando "A terra"

Per insegnare al tuo Labrador Retriever a sdraiarsi, devi prima chiedergli di sedersi. Inginocchiati di fronte al tuo cane e assicurati di avere la sua completa attenzione. Mostragli che hai un premio nella mano chiusa portandolo al suo naso, poi immediatamente verso il pavimento tra le sue zampe. Il tuo cane dovrebbe quindi abbassare istintivamente le zampe anteriori. Quando i suoi gomiti toccano il pavimento puoi premiarlo, ma non usare ancora la parola di comando.

La fase successiva è far abbassare anche il suo posteriore in modo che sia sdraiato. Potrebbe aver già abbassato sia le zampe anteriori che il posteriore nella prima fase, ma in caso contrario, una volta che le sue zampe anteriori sono abbassate, usa la mano libera come un'asta da limbo sopra la sua schiena e attira il premio verso di te, in modo che debba strisciare in avanti. Questo farà abbassare il suo posteriore sotto l'asta da limbo e far prendere al tuo cane una posizione sdraiata. Se non succede subito, sii paziente e continua a ripetere l'esercizio. Puoi premiare ogni progresso che il tuo cane fa, ma non usare il comando "A terra" finché non ottieni effettivamente la posizione corretta. Poi, ripeti il procedimento diverse volte per fissare il comando nel cervello del tuo Labrador.

Come insegnare a camminare al guinzaglio

Insegnare al tuo Labrador Retriever a camminare bene con un guinzaglio allentato è molto importante, poiché diventerà un cane potente e non vuoi essere quel proprietario che viene trascinato in giro per il parco dal suo cane testardo. Tirare al guinzaglio è dannoso per il tuo cane e può causare lesioni sia a lui che a te. Inoltre, mina il tuo rapporto con il tuo cane, che dovrebbe rispettare le tue regole. Quindi, anche se il tuo cucciolo di Labrador pensa che il guinzaglio sia qualcosa da mordere e con cui giocare, prima inizi l'addestramento al guinzaglio con lui, meglio è.

Se hai adottato un cane che non è mai stato addestrato a camminare correttamente al guinzaglio avrai un comportamento radicato da superare, ma i principi di base per l'addestramento al guinzaglio si applicano a Labrador di ogni età. Il tuo cane imparerà che se vuole andare avanti, questo accadrà solo con un guinzaglio allentato. Quando tira, tu ti fermi. Questo può sembrare molto noioso all'inizio e potresti non arrivare molto lontano nelle prime passeggiate di prova, ma vale davvero la pena perseverare.

Per incoraggiare il tuo cane a concentrarsi su di te piuttosto che tirare al guinzaglio, dovresti mirare a essere eccitante e pieno di incoraggiamento. Naturalmente, se hai dei premi in tasca, la maggior parte dei Labrador lo troverà molto interessante; quindi, puoi continuare a dare al tuo cane una ricompensa alimentare per tutto il tempo in cui cammina bene. Per questo esercizio dovresti usare un guinzaglio corto attaccato a un collare, con il tuo cane alla tua sinistra e il guinzaglio nella tua mano destra. Questo lascia la tua mano sinistra libera sul lato del cane per continuare a dare i premi.

Non lasciare che il tuo cane presuma in quale direzione stai andando: deve guardare a te per i segnali. Continua a cambiare direzione e a essere interessante. E come prima, mantieni le sessioni di addestramento brevi, così puoi finire con una nota positiva prima che la concentrazione del tuo cane diminuisca.

Se il tuo cane ha imparato a camminare al guinzaglio in un corso di addestramento e sembra andare tutto bene, non scoraggiarti se scopri che la situazione diventa difficile non appena provi a portarlo a spasso all'aperto: ci sono ovviamente molte più distrazioni fuori, quindi questo è il prossimo passo nel suo addestramento. Sii paziente, continua gli esercizi quotidianamente e il tuo Labrador imparerà che camminare al guinzaglio significa camminare bene al tuo fianco.

Come insegnare a camminare senza guinzaglio

Il Labrador Retriever è stato allevato come cane da lavoro, per cui è naturale per lui voler correre liberamente in campagna, esplorando i suoi dintorni, bruciando la sua energia senza limiti ed esercitando la sua mente attiva. Questo lo farebbe felicemente tutto il giorno; tuttavia, il tuo Labrador può correre per chilometri; quindi, devi essere in grado di richiamarlo istantaneamente per la sua sicurezza. Un buon richiamo è di vitale importanza perché un Labrador possa godere di tutta la libertà che deriva dall'essere un cane affidabile.

Tutto l'addestramento iniziale che hai fatto con il tuo cane prima ancora che vedesse l'esterno porrà una solida base per il tuo addestramento al richiamo, perché ha stabilito il vostro rapporto e gli ha insegnato che tu sei il suo padrone, fornitore di cure e amico. Quindi, è nel suo interesse obbedirti, ed essendo un Labrador, vuole davvero farti piacere.

Quando stavi insegnando "Resta" e "Libero", stavi preparando il tuo cane a stare senza guinzaglio, dandogli il permesso di allontanarsi alle tue condizioni. Questo esercizio è un buon modo per iniziare in un'area sicura recintata, lasciando al tuo cane periodi sempre più lunghi per correre ed esplorare, poi richiamandolo con il comando "Vieni".

Come con i comandi precedenti, per fare l'associazione non dovresti usare la parola finché il tuo cane non sta effettivamente facendo l'azione. Quindi, nel tuo spazio sicuro, allontana il tuo cane; poi, nel momento in cui stabilisce un contatto visivo con te, cattura la sua completa attenzione tenendo un premio e mentre viene verso di te, dì "Vieni" con molto entusiasmo e fagli molte lodi quando è di nuovo al tuo fianco.

Se non hai uno spazio sicuro completamente recintato o il tuo cane è più lento a rispondere, puoi usare una lunghina leggera. Queste sono corde molto lunghe che si agganciano alla pettorina di un cane e ti permettono di controllare il raggio che il tuo cane è autorizzato a percorrere, così come di incoraggiare delicatamente il suo ritorno insieme al premio e alla lode. Dovresti usare una lunghina solo con un'imbracatura e mai con un collare, il quale potrebbe causare lesioni al collo nel caso in cui il cane corra a tutta velocità fino alla fine della corda.

Inizialmente, dovresti richiamare il tuo cane molto frequentemente e non permettere che si lasci trasportare troppo dalla sua foga. Inoltre, cambia direzione frequentemente in modo che il tuo cane debba rimanere concentrato sulla tua posizione. Se il tuo cane scappa, cerca di non inseguirlo a meno che non stia correndo un pericolo concreto, poiché l'inseguimento è un gioco per lui. Invece, dovresti girare nella direzione opposta: quando il tuo cane nota che ti stai allontanando da lui, di solito lo scuote abbastanza da tornare di corsa al tuo fianco.

Poiché il Labrador è un cane da lavoro, alcune persone preferiscono insegnare il richiamo con un fischietto. Questo può essere un normale fischietto udibile o un fischietto per cani, che è un fischietto ad alta frequenza udibile solo dalle raffinate orecchie del cane. Il fischietto ha il vantaggio di essere udibile a lunga distanza se il tuo cane è lontano. Poiché i cani da lavoro di solito hanno un raggio di movimento considerevole, il fischietto è un accessorio utile, ma devi ricordarti sempre di portarlo con te.

Agility e Flyball

Il tuo Labrador Retriever è così atletico e intelligente che potrebbe davvero godere dell'opportunità di esercitare il suo corpo e la sua mente in attività divertenti come l'Agility e il Flyball. Questi sport sono ad alta intensità e non dovrebbero mai essere tentati dai cuccioli a causa dell'impatto sulle loro ossa morbide e sulle placche di crescita non sviluppate. Dopo che il tuo Labrador avrà compiuto un anno, potrà iniziare l'addestramento di Agility a basso impatto, progredendo ai salti più alti dopo i 18 mesi di età.

Durante il primo anno di vita del tuo cane, tutto l'addestramento all'obbedienza che devi fare con il tuo cane lo prepara perfettamente per l'Agility e il Flyball, mentre impara a concentrarsi su di te, agire sui tuoi comandi e ottenere la soddisfazione di guadagnare la tua lode. L'Agility viene solitamente insegnato con una tasca piena di premi di addestramento; quindi, il tuo Labrador sarà altamente motivato e imparerà velocemente.

Il Flyball implica mandare il tuo cane in giro per un circuito ad alta velocità per recuperare una palla e poi tornare. I Labrador amano correre e recuperare, quindi è probabile che il tuo cane ami il Flyball. Il tuo precedente addestramento al richiamo lo metterà in buona posizione per il Flyball, poiché a differenza dell'Agility, sta correndo il percorso da solo. Questo potrebbe adattarsi meglio a te se la tua forma fisica ti impedisce di correre accanto al tuo cane in un percorso di Agility.

La maggior parte dei Labrador troverà l'Agility e il Flyball enormemente piacevoli, poiché questi sport fanno appello a tutti i loro istinti e abilità naturali. Tuttavia, alcuni cani più sensibili potrebbero non godere dell'esperienza: in tal caso, sappi che non c'è valore nel causare stress al tuo cane. Inoltre, se il tuo cane ha condizioni ortopediche come displasia dell'anca o del gomito o se soffre di artrite, non deve partecipare a sport d'impatto o esercizi faticosi. Se hai dubbi, rivolgiti sempre al tuo veterinario prima di iscriverti all'addestramento di Agility o Flyball.

CAPITOLO 7
In viaggio

"I Labrador sono ottimi compagni di viaggio; sono tranquilli e vanno d'accordo con la maggior parte delle persone e degli altri animali. La maggior parte dei Labrador adora viaggiare in auto."

Jennifer Robinson
Chestnut's Labs2Love

Mentre l'idea di portare il tuo Labrador in vacanza o a fare qualcosa di divertente, come una passeggiata nel bosco, potrebbe essere una prospettiva entusiasmante per te, il tuo Labrador potrebbe non essere sempre d'accordo. Alcuni cani gestiscono i viaggi in modo eccellente, mentre altri trovano la situazione stressante o spiacevole per vari motivi. Perciò, essere preparati al viaggio aiuterà a far sì che tutto proceda senza intoppi e renderà l'esperienza il più piacevole possibile per il tuo cane. Questo capitolo esaminerà tutti i diversi aspetti del viaggiare con il tuo cane, che sia vicino o lontano, in aereo o in auto, e ti darà consigli per aiutarti a essere preparato per il tuo viaggio.

Preparativi per il viaggio

La preparazione per il viaggio non inizia qualche ora o giorno prima della partenza, ma dovrebbe cominciare quando il tuo cane è ancora cucciolo. Addestrare il tuo cucciolo di Labrador a viaggiare con sicurezza è fondamentale per un viaggio senza stress. Nella fase di cucciolo, il motivo principale per cui i cani viaggiano in auto è per andare dal veterinario per i vaccini, il che associa il viaggio a un'esperienza negativa: pertanto, è importante che ti impegni fin dall'inizio per aiutare il tuo cucciolo ad associare l'auto a momenti positivi e divertenti.

Inizia presentando al tuo cucciolo l'auto. Questo può essere semplice come aprire le portiere e lasciarlo esplorare con i suoi tempi. Quando avrai deciso dove il tuo Labrador viaggerà in auto, mettilo in quell'area e dagli un premio. Puoi anche prendere l'abitudine di dargli un pasto in quella zona, dato che una delle attività preferite di un Labrador è mangiare! Questo gli permetterà di iniziare ad associare l'auto a qualcosa di positivo. Dopo alcune esplorazioni, puoi iniziare ad accendere il motore, chiudere il tuo Labrador dentro l'auto con te e poi guidare per un brevissimo tratto, prima di passare a viaggi più lunghi.

Ora che hai preparato mentalmente il tuo Labrador per il viaggio, dovresti occuparti anche preparativi pratici. Se stai per intraprendere un lungo viaggio che richiede l'attraversamento di confini, assicurati di conoscere le normative dello Stato o del Paese in cui ti stai recando. È probabile che il

Foto di
John & Linda Ledwith

tuo cane abbia bisogno di un passaporto per animali domestici, che può essere fornito dal tuo veterinario. Come requisito per il passaporto, il tuo Labrador dovrà essere dotato di microchip, se non lo è già, ed essere in regola con le vaccinazioni.

Questa è una buona occasione per visitare il tuo veterinario e assicurarti che tutto sia in ordine per il viaggio. Alcuni Paesi richiederanno una vaccinazione antirabbica, seguita da test sierologici per gli anticorpi, al fine di garantire che il tuo cane abbia sviluppato un'immunità alla rabbia. Altri Paesi richiederanno un trattamento contro la tenia entro 72 ore dal viaggio. Se stai volando, invece di guidare, è probabile che la compagnia aerea richieda un certificato di salute fornito dal tuo veterinario. Pertanto, un controllo dal veterinario ti aiuterà ad assicurarti che tutto sia in ordine e ti permetterà di procurarti eventuali trattamenti antipulci o antiparassitari, se è probabile che scadano mentre sei via, oppure farmaci per malattie croniche se necessario.

Una volta sicuro che il tuo Labrador sia pronto a viaggiare, è importante assicurarti di essere pronto anche tu. Vale la pena dedicare del tempo a cercare gli ambulatori veterinari locali nella zona in cui soggiornerai e inserire i numeri nella rubrica del tuo cellulare nel caso in cui il tuo cane abbia bisogno di cure d'emergenza mentre sei via. Inoltre, verifica presso l'anagrafe canina della tua ASL di residenza che i dati contenuti nel microchip del tuo cane siano aggiornati. In questo modo, se si perde, può sempre essere ricondotto a te. Un vecchio numero di cellulare rende il microchip inutile. Se ti mette più tranquillo, può essere una buona idea mettere un'etichetta temporanea sul collare del tuo cane con l'indirizzo del luogo in cui soggiorni, anche se non è necessaria quanto un'etichetta con i dettagli di casa e il numero di cellulare corretto.

Foto di
Danielle Belmonte

Viaggiare in auto

Se il tuo Labrador trova stressanti i viaggi in auto e sbava eccessivamente, dovresti cercare di capire se potrebbe soffrire di mal d'auto. Il mal d'auto può essere prevenuto facendolo viaggiare a stomaco vuoto (se il viaggio non è troppo lungo) o chiedendo al tuo veterinario delle pillole apposite da somministrare prima del viaggio.

Prima di partire per il tuo viaggio, devi decidere come il tuo cane viaggerà in auto. Un modo popolare e sicuro per trasportare un cane in auto è usare una cintura di sicurezza per cani: si tratta di un'imbracatura che si aggancia alla clip della cintura di sicurezza quando il tuo cane è seduto sul sedile posteriore. Di conseguenza, il tuo cane sarà protetto in caso di collisione. Tuttavia, alcune persone trovano problematico permettere al loro cane di viaggiare sul sedile posteriore: non solo un cane lascia peli sui sedili, ma occupa anche lo spazio dove potrebbe sedersi una persona. Se il problema è la pulizia, puoi acquistare una copertura impermeabile per il sedile, particolarmente utile se hai portato il tuo cane a fare una passeggiata nel fango o è stato a nuotare (soprattutto perché i Labrador hanno una forte affinità con l'acqua fangosa!). Se preferisci che il tuo cane viaggi altrove nell'auto, la maggior parte dei bagagliai ha degli attacchi dove puoi fissare un'imbracatura.

Ci sono anche altre opzioni per permettere al tuo Labrador di viaggiare in auto comodamente. Il bagagliaio è una scelta ovvia per molti; tuttavia, se usi quest'area per il tuo cane, è importante posizionare una griglia divisoria tra i sedili posteriori e il bagagliaio per impedire al tuo Labrador di raggiungerti davanti. Inoltre, questa opzione non fornisce molta protezione per il tuo cane in caso di incidente, poiché il bagagliaio tende a deformarsi in una collisione posteriore. Se hai un'auto più grande, puoi considerare di posizionare un trasportino nel bagagliaio. In tal caso, il trasportino dovrebbe essere abbastanza grande da permettere al tuo Labrador di stare in piedi, girarsi e sdraiarsi comodamente senza toccare i lati. Puoi metterci dentro un letto, asciugamani o coperte per renderlo confortevole e, una volta abituato, il tuo cane probabilmente lo troverà un'area positiva e confortevole in cui stare.

Quando viaggi per lunghi tragitti in auto, assicurarsi che il tuo cane si senta a suo agio è molto importante. Questo non significa solo mettergli a disposizione qualcosa di comodo su cui sedersi, ma anche fornirgli molte soste per correre, fare i bisogni e bere dell'acqua. Come linea guida, dovesti fare una sosta almeno ogni quattro ore. Il cibo durante un viaggio è meno importante; tuttavia, se il tuo viaggio è particolarmente lungo, dovresti per-

Foto di
Alex Adams

*Foto di
Jordan Hohl*

mettergli un piccolo pasto ogni 12 ore. Un altro fattore legato al comfort a cui prestare attenzione è la temperatura, specialmente se la tua auto non è climatizzata. È una buona idea viaggiare nella parte più fresca della giornata. Non dovresti mai lasciare il tuo cane in auto senza aria condizionata e con i finestrini chiusi, poiché le temperature possono salire a livelli pericolosi in pochi minuti. Se devi fermarti e lasciarlo in auto, cerca di ridurre al minimo il tempo, assicurati che la tua auto sia parcheggiata all'ombra e che ci sia un buon flusso d'aria.

Viaggiare in aereo

Viaggiare in aereo non dovrebbe essere un'avventura da intraprendere alla leggera; tuttavia a volte è inevitabile, come nel caso di trasferimento in un'altra regione o nazione a una distanza troppo lunga per guidare. Quando viaggi con il tuo Labrador in aereo hai molti aspetti a cui pensare, motivo per cui potresti trovare utile ricorrere ai servizi di un trasportatore specializzato per animali domestici che si occuperà di tutti gli accordi per te. Questi fornitori di servizi sono molto esperti e saranno in grado di fornirti una grande quantità di informazioni per eliminare lo stress derivante dalla situazione.

In aereo, i cani di piccola taglia e i cani da assistenza possono viaggiare in cabina; tuttavia, la maggior parte dei Labrador che non viaggia in un ruolo di lavoro dovrà viaggiare come cargo a causa delle dimensioni. Non tutte le compagnie aeree sono uguali, quindi ricercare i requisiti specifici per il tuo volo garantirà che il processo proceda nel modo più fluido possibile. Se il tuo Labrador ha meno di 12 settimane o le temperature previste alla partenza, all'arrivo e durante le coincidenze sono particolarmente calde o fredde, al tuo cane potrebbe essere rifiutato il viaggio.

Se il tuo Labrador deve viaggiare come cargo, dovrà viaggiare in un trasportino approvato dalla compagnia aerea. Ogni compagnia aerea avrà requisiti diversi per le dimensioni e la struttura del trasportino, ed è tua responsabilità assicurarti che il trasportino del tuo cane sia adatto. La maggior parte delle compagnie aeree richiederà anche un certificato di salute o idoneità al viaggio dal tuo veterinario, oltre a un passaporto per animali domestici, mentre alcune destinazioni richiederanno anche vaccini specifici o documenti di esportazione. Ecco perché è importante fare una ricerca approfondita prima di partire per assicurarti di avere tutto ciò che è necessario per il viaggio.

Alloggio in vacanza

Prima di prenotare il tuo alloggio, verifica che possa soggiornarvi anche il tuo Labrador. Non tutti gli alloggi per vacanze accettano animali domestici. Vale anche la pena tenere presente che, anche se il tuo alloggio accetta animali, non tutti gli ospiti avranno animali domestici o addirittura ameranno gli animali, quindi dovresti cercare di essere cortese con tutti coloro che soggiorneranno nella struttura con te.

Quando arrivi, informati sulle regole. Alcuni posti ti permetteranno di portare a spasso il tuo cane liberamente nella struttura, mentre altri preferiranno che tu rimanga nella tua area. Potrebbero anche avere preferenze su dove puoi portare il tuo cane a fare i bisogni. Assicurati sempre di pulire i bisogni lasciati dal tuo cane.

Il tuo alloggio per le vacanze sarà nuovo per il tuo cane, che potrebbe accogliere con entusiasmo la situazione o trovarla un po' destabilizzante. Pertanto, per evitare qualsiasi ansia non necessaria e prevenire disturbi come abbaiare o masticare i mobili, il tuo Labrador non dovrebbe mai essere lasciato solo. Se il tuo cane è abituato al trasportino, potrebbe trovare conforto nel dormire in un posto che gli è familiare.

Quando lasci il tuo hotel, dovresti cercare di lasciarlo come l'hai trovato. I padroni di casa non dovrebbero dover impiegare servizi di pulizia extra per riportare l'alloggio al suo stato originale solo perché il tuo cane ha soggiornato lì.

Lasciare il tuo Labrador Retriever a casa

A volte, potresti dover andare via e voler o dover lasciare il tuo cane a casa. In tale circostanza hai diverse strade tra cui decidere, ma sappi che non c'è un'opzione particolare che sia la "migliore": ogni opzione si adatterà a certi cani e famiglie meglio di altre. Inoltre, i Labrador in particolare sono altamente adattabili, quindi questo dovrebbe aiutare a ridurre un po' di stress dalla situazione.

La prima opzione è prenotare una pensione per cani per il tuo Labrador. Il vantaggio di questo tipo di strutture è che sono ben attrezzate per prendersi cura dei cani e il personale è molto esperto nel gestire una varietà di diverse personalità, razze e problemi di salute canini: in questo modo, puoi stare tranquillo che dei professionisti si stanno prendendo cura del tuo cane. Le pensioni per cani sono solitamente attività ben consolidate all'interno della comunità, per cui sarà facile ricercare recensioni sul posto per vedere come i clienti precedenti hanno ritenuto che si siano presi cura dei loro cani. Puoi anche visitarle prima di partire in modo da ispezionare la loro struttura e conoscere il personale. Lo svantaggio delle pensioni è che di solito accolgono un gran numero di cani contemporaneamente, quindi il tuo cane potrebbe avere un'attenzione individuale limitata. I cani di solito risiedono per la maggior parte della giornata in grandi recinti con una sezione interna o riparata e una sezione esterna, essendo autorizzati a uscire una o due volte al giorno per socializzare con altri cani e fare esercizio. Questo potrebbe adattarsi brillantemente al tuo cane, ma i cani con una natura più sensibile potrebbero trovarlo stressante.

Un'altra opzione è chiedere a un amico o a un familiare di prendersi cura del tuo cane nella loro casa. Questa è un'ottima opzione se conoscono già il tuo cane, poiché in questo caso il tuo cane ha familiarità con loro, il che può alleviare un po' di ansia in tua assenza. Se il tuo amico o vicino ha altri cani, è importante assicurarsi che la dinamica funzioni prima che il tuo cane vada a stare con loro. Alcuni cani sono altamente territoriali nel proprio spazio e, anche se sono migliori amici durante una passeggiata, non dovresti presumere che sarà così anche nella loro casa. Quindi, assicurati di portare il tuo cane a casa del tuo amico o familiare in anticipo per valutare come andrà. Ricorda: il tuo amico o familiare probabilmente sta facendo questo per te come un favore; quindi, cerca di rendergli il compito il più facile possibile: fai scorta di abbondante cibo per cani, farmaci per malattie croniche (se necessario) e tutti i comfort domestici del tuo cane, come la cuccia e i giocattoli.

Infine, l'ultima opzione è avere un dog sitter professionista che venga a stare a casa tua. Questa è un'ottima opzione per molte persone, poiché significa che il tuo cane può rimanere nel suo ambiente e la tua casa non viene lasciata vuota per un periodo prolungato. I dog sitter sono solitamente esperti nel prendersi cura dei cani; quindi puoi stare tranquillo sapendo che il tuo cane riceve molta attenzione ed è ben curato durante la tua assenza. Se scegli di assumere un dog sitter, assicurati che il tuo cane abbia avuto diverse opportunità di conoscerlo in anticipo invitandolo a casa tua o a fare una passeggiata. Lo svantaggio dei dog sitter è che, di solito, sono più costosi delle altre opzioni.

***

Che tu stia pianificando di viaggiare con il tuo Labrador o di lasciarlo a casa, una vacanza dovrebbe essere rilassante. Tenendo conto di tutti gli aspetti discussi in questo capitolo, dovresti essere in grado di pianificare in anticipo per garantire che il tuo viaggio sia il più possibile privo di stress sia per te che per il tuo cane.

CAPITOLO 8
Alimentazione

«I Labrador Retriever hanno generalmente uno stomaco di ferro e si adattano bene a molti tipi di alimentazione. Io utilizzo crocchette premium con una fonte proteica tra i primi cinque ingredienti. Aggiungo carote, uovo, fette di mela, mirtilli, anguria o patate dolci alle crocchette per migliorare l'apporto nutritivo. Evita le crocchette che contengono mais, è un riempitivo economico che può causare accumulo di lieviti nelle orecchie e allergie cutanee. Altri tipi di cereali nelle crocchette sono buoni e necessari per prevenire l'ingrossamento del cuore (DCM) legato all'aminoacido taurina».

Lori Lutz
Bowery Run Labradors

Importanza dell'alimentazione

Una dieta equilibrata e adeguata alla fase di vita del tuo Labrador è una delle cose più importanti che dovresti garantire al tuo cane. La salute è strettamente legata all'alimentazione e, se il tuo Labrador non riceve tutti i minerali, le vitamine e i nutrienti essenziali di cui ha bisogno, la sua salute di base e il suo sistema immunitario ne risentiranno.

Esistono diverse classi di nutrienti da tenere in considerazione: carboidrati, proteine, grassi, fibre, vitamine e minerali. È un'idea sbagliata comune quella che, poiché gli antenati dei nostri cani erano carnivori, anche i cani domestici dovreb-

Foto di
Tim Choldas

bero seguire una dieta prevalentemente a base di carne e ad alto contenuto proteico. Il sistema digestivo di un cane domestico oggi è molto diverso dal sistema digestivo di un lupo, pertanto i cani sono ora considerati onnivori. Ciò significa che, sebbene le proteine siano essenziali, i cani hanno bisogno anche di altri ingredienti non a base di carne perché la loro dieta risulti equilibrata. Le diete completamente prive di cereali sono diventate popolari nel mondo cinofilo recentemente; tuttavia, possono in realtà fare più male che bene, portando a problemi di salute come malattie cardiache e del tratto urinario. Pertanto, diete equilibrate in base all'età sono essenziali per mantenere il tuo Labrador in salute.

Una dieta equilibrata significa una cosa diversa per un cucciolo rispetto a un Labrador adulto, quindi è essenziale somministrare un alimento bilanciato per la fase di vita del tuo Labrador. La FEDIAF, ovvero la Federazione Europea dell'Industria degli Alimenti per Animali da Compagnia, stabilisce linee guida per le aziende produttrici di alimenti in modo che formulino costantemente cibi perfetti per cuccioli, adulti a bassa energia, adulti ad alta energia e anziani. Questo è uno dei vantaggi di nutrire il tuo cane con un alimento commerciale: infatti, tutti gli alimenti commerciali sono regolamentati, quindi puoi essere sicuro che il pasto che stai fornendo al tuo cane gli permetterà di ottenere tutti i nutrienti di cui ha bisogno.

Trovare un cibo per cani adatto a un Labrador non è solitamente difficile, poiché i Labrador hanno un appetito vorace e mangiano quasi tutto. Pertanto, la palatabilità non è di solito un fattore da considerare. Tuttavia, i Labrador da lavoro attivi, i Labrador anziani e i Labrador con problemi articolari, come discusso nel Capitolo 12, richiederanno tutti nutrienti aggiuntivi nella loro dieta per aiutare a proteggere le articolazioni. Questi includono omega-3, omega-6, glucosamina e condroitina, dei quali discuteremo più avanti in questo capitolo.

Alimenti commerciali

Gli alimenti commerciali possono presentarsi in varie forme come cibo umido in scatola, cibo tipo stufato e crocchette secche. Il tipo migliore per il tuo cane è il cibo secco, poiché aiuta a mantenere puliti i denti. Quando il tuo Labrador morde le crocchette, queste forniscono un'abrasione che rimuove parte del tartaro che si accumula sui denti, aiutando a ridurre le probabilità di malattie dentali in futuro.

Non tutti gli alimenti secchi sono però di buona qualità: alcuni produttori di alimenti secchi più economici includono molti ingredienti di riempimento che possono far sentire il tuo Labrador gonfio e pieno. Questo può anche interferire con l'addestramento alla pulizia del tuo cucciolo di Labrador, poiché dopo aver mangiato la sua cena, il cibo si gonfierà e lo farà sentire come se avesse bisogno di fare i bisogni nel mezzo della notte. Un buon modo per valutare la qualità del cibo secco è aggiungere una tazza d'acqua a una tazza di cibo secco e lasciare riposare il mix per una notte. Dovrebbe gonfiarsi leggermente, ma non eccessivamente.

L'enorme scelta di cibo commerciale nei negozi potrebbe farti sentire sopraffatto. La maggior parte dei negozi di animali e degli ambulatori veterinari hanno assistenti formati in nutrizione canina che saranno in grado di aiutarti a scegliere un cibo adatto al tuo Labrador. Dovresti ricordare che non esiste una scelta "perfetta"; la cosa più importante è trovare un cibo che si adatti al tuo Labrador. Puoi farlo individuando prima in quale fase di vita si trova il tuo Labrador (ad esempio cucciolo, giovane adulto, adulto, anziano) e se ha requisiti aggiuntivi (ad esempio condizioni di salute, molto energico, cane da lavoro). Una volta ristretto il campo, scegli alcuni prodotti in base ai loro ingredienti, che vedremo più avanti in questo capitolo, e consulta le recensioni dei clienti, che spesso forniscono una buona indicazione se i cani di altre persone apprezzano il cibo e se ne traggono beneficio.

Etichette degli alimenti per animali

«Non consiglio diete prive di cereali, poiché ci sono nuove informazioni che collegano queste diete a un'alta incidenza di malattie cardiache. Inoltre, alcuni Labrador hanno un problema con l'accumulo di rame, per cui si consiglia un alimento a basso contenuto di rame».

Tiffany Ginkel
Cedar Ranch Labrador Retrievers

Le etichette degli alimenti per animali possono dirti molto sul contenuto del cibo; tuttavia, se non sai cosa cercare o come confrontare l'etichetta di alimento con quella di un altro tipo di alimento (ad esempio, le etichette delle crocchette secche con quelle del cibo umido in scatola), leggere l'etichetta può sembrare scoraggiante e abbastanza inutile.

La prima cosa alla quale dovresti fare attenzione nel leggere l'etichetta di un alimento per animali è l'elenco degli ingredienti. L'elenco degli ingredienti è compilato in ordine di peso; pertanto, l'ingrediente in cima è quello che il prodotto contiene in maggiore quantità. Idealmente, il primo ingrediente dovrebbe essere una proteina di origine animale come pollo o manzo. Alcuni marchi impiegano anche proteine più particolari, che hanno molti

benefici per diverse condizioni: ad esempio, tacchino, anatra o cervo sono eccellenti per cani con allergie; il pesce è eccellente per la salute della pelle e delle articolazioni, mentre l'agnello è ottimo per cani schizzinosi che hanno bisogno di qualcosa di altamente appetibile. La farina animale, ad esempio la farina di pollo, è proteina di carne disidratata, il che significa che il suo peso naturale è almeno del 300% superiore al peso dell'ingrediente, quindi va bene se questo tipo di proteine si trova più in basso nell'elenco degli ingredienti. Non dovresti mai acquistare un cibo per cani che etichetta il contenuto di carne come "proteina di origine animale", poiché significa che è di qualità inferiore e che il tipo di proteina varierà da lotto a lotto a seconda di ciò che è disponibile come scarti.

Foto di
Brittany Pescara
Black Swamp Labradors

I cereali e gli ingredienti amidacei probabilmente costituiranno la maggior parte del resto della dieta. Gli esempi includono riso, mais, avena, patate e patate dolci. Alcuni alimenti si vantano di essere privi di cereali, il che aiuta i cani con tratti digestivi sensibili o allergie cutanee; tuttavia, queste diete sono spesso povere di taurina, un aminoacido essenziale la cui carenza può scatenare problemi cardiaci come la cardiomiopatia dilatativa. Pertanto, se scegli una dieta priva di cereali, verifica se è stata aggiunta taurina supplementare. Se scegli una dieta con cereali, i cereali integrali come riso integrale, avena e orzo sono più sani e forniscono più fibre rispetto al riso bianco e al mais.

Verdure e possibilmente frutta, come zucca, piselli, carote, mirtilli neri, mirtilli rossi, polpa di barbabietola, pomodoro ed erba medica, sono ingredienti popolari che costituiscono la maggior parte del resto delle ricette. Questi forniscono minerali essenziali, vitamine e fibre che le proteine e i carboidrati da soli potrebbero non aver fornito. Nello stesso punto dell'elenco degli ingredienti delle verdure potrebbero essere elencati oli aggiuntivi, i quali aiutano a fornire un adeguato contenuto di grassi sani come omega-3 e omega-6. Gli oli popolari includono olio di girasole, olio di pesce, olio di canapa e olio di semi (come semi di lino).

In fondo all'elenco degli ingredienti potrebbero esserci diversi ingredienti che suonano relativamente chimici. Di solito, si tratta semplicemente di minerali e vitamine per bilanciare la dieta, così come eventuali integratori aggiuntivi che l'azienda alimentare potrebbe decidere di inserire nella formula, come pre e probiotici, glucosamina e condroitina.

Alcuni produttori di alimenti per animali potrebbero aggiungere coloranti al loro prodotto: non c'è alcun beneficio per il cane nell'aggiunta di colori artificiali, e in effetti alcuni additivi non necessari possono causare problemi di salute e dovrebbero essere evitati.

Dopo aver esaminato l'elenco degli ingredienti, aver deciso che sembrano provenire da fonti affidabili e che includono una varietà di carni, oli, carboidrati e verdure, dovresti guardare l'analisi garantita. Questa descrive la percentuale di carboidrati, proteine, grassi, fibre, ceneri e umidità nella dieta. Questi dettagli sono per grammo di cibo pronto da mangiare, quindi non possono essere confrontati direttamente senza prima fare alcuni calcoli.

Ad esempio, se un alimento umido ha il 75% di umidità, significa che il contenuto secco è del 25%. Se il livello proteico è quindi del 5%, questo può essere convertito dividendo per la percentuale di materia secca: 5/0,25 = 20% di proteine su base di materia secca. Poi, se un alimento secco simile che vuoi confrontare ha un contenuto di umidità del 10% e un contenuto secco del 90%, con un livello proteico del 20%, il calcolo diventa il seguente: 20/0,9 = 22,2% di proteine su base di materia secca.

Una volta che hai convertito la tua analisi in cifre che possono essere confrontate, dovresti scegliere un alimento che sia ricco di proteine. Idealmente questo dovrebbe essere superiore al 25% su base di materia secca, ma più alto è, meglio è. Il contenuto di grassi dovrebbe essere tra l'8 e il 12% su base di materia secca, ma anche inferiore se il tuo Labrador ha bisogno di perdere un po' di peso. Se sei preoccupato per i livelli di fame costante del tuo Labrador, un contenuto di fibre superiore al 3% lo aiuterà a sentirsi sazio più a lungo.

Diete BARF e fatte in casa

Se hai fatto qualche ricerca sulle diete per cani o hai acquistato il tuo Labrador da un allevatore particolarmente tradizionale, è probabile che tu abbia incontrato il concetto di diete BARF o fatte in casa. BARF è un acronimo in lingua inglese utilizzato per descrivere "ossa e cibo crudo" o "cibo crudo biologicamente appropriato". La differenza tra le diete BARF e quelle fatte in casa è semplicemente se il cibo è cotto o meno.

Le diete BARF e fatte in casa hanno preso d'assalto il mondo degli amanti dei cani. Alcuni credono che gli alimenti commerciali subiscano troppi processi per essere sani, quindi una dieta composta da prodotti freschi di provenienza locale sarà più nutriente. Questo pensiero promuove anche la convinzione che gli antenati dei cani fossero principalmente mangiatori di carne, per cui i nostri cani domestici dovrebbero seguire questa stessa dieta. Non tiene conto, tuttavia, del fatto che i cani domestici di oggi sono molto diversi dai loro antenati lupi, e ciò vale anche per il loro sistema digestivo.

Mentre una dieta fatta in casa o BARF può essere senz'altro fonte di diversi benefici, come il sapere da dove provengono gli ingredienti, che sono biologici e privi di sostanze chimiche e che è stata utilizzata una lavorazione minima per preparare il cibo, ci sono anche diversi svantaggi. Il problema principale con le diete BARF e fatte in casa è l'incapacità di bilanciarle adeguatamente. È estremamente difficile garantire che un alimento fatto in casa contenga la giusta quantità di nutrienti, minerali e vitamine, il che può avere un impatto sulla salute del tuo Labrador. I cani in crescita possono sviluppare ossa fragili, mentre i cani adulti possono sviluppare calcoli vescicali e malnutrizione. Non è impossibile bilanciare una dieta fatta in casa o BARF, ma dovrebbe essere fatto con l'aiuto di un nutrizionista veterinario e probabilmente richiederà l'aggiunta di integratori minerali.

Un altro problema con le diete BARF è l'igiene. La carne cruda può contenere batteri come salmonella ed E. coli, che rimangono nella bocca del tuo cane. Mentre il sistema digestivo del tuo Labrador può far fronte a questi batteri, essi possono far ammalare le persone vulnerabili nella tua casa, come anziani o bambini. I batteri verranno trasmessi al pelo del tuo cane quando si pulisce e saranno facilmente raccolti se qualcuno accarezza il tuo Labrador. Pertanto, tutti i membri della famiglia dovrebbero seguire una rigorosa routine di igiene che includa lavarsi regolarmente le mani, lavare le ciotole del cibo del cane con acqua calda e sapone dopo i pasti e disinfettare le superfici di preparazione dopo l'uso.

Infine, le diete BARF e fatte in casa a volte contengono ossa. Se crude, queste sono solitamente flessibili e si dissolvono relativamente facilmente nell'acido gastrico. Tuttavia, non è sempre così. Pertanto, qualsiasi cane che segue una dieta che include ossa presenta un rischio maggiore di perforazione o blocco gastrointestinale, specialmente i Labrador, che raramente masticano correttamente il loro cibo!

Mentre le diete BARF e fatte in casa possono essere scelte eccellenti, è facile sbagliarle; quindi, se questa è una strada che vorresti esplorare con il tuo Labrador, è meglio cercare consiglio presso un nutrizionista veterinario per creare una dieta equilibrata per il tuo cane.

Monitoraggio del peso

Come razza, i Labrador hanno uno dei metabolismi più lenti, motivo per cui sono inclini all'obesità. Controllare il peso del tuo cane è vitale, poiché il peso in eccesso mette sotto sforzo le articolazioni, il cuore e gli organi interni, riducendo significativamente l'aspettativa di vita del tuo Labrador e la sua capacità di fare esercizio agevolmente.

Non esiste un peso "ideale" per un Labrador. Come menzionato nel Capitolo 1, i maschi pesano solitamente tra i 29 e i 36 kg e le femmine tra i 25 e i 32 kg, ma esiste un'ampia variazione genetica. Pertanto, un Labrador potrebbe essere sottopeso a 32 kg e un altro potrebbe risultare gravemente obeso allo stesso peso. Un modo migliore per valutare il peso del tuo Labrador è valutare regolarmente il suo punteggio di condizione corporea. Un punteggio di condizione corporea ideale è da 4 a 5, con la gamma che va da 1 (emaciato) a 9 (obeso). I punteggi sono standardizzati e sono facili e ripetibili da cane a cane. Le seguenti sono le descrizioni dei diversi punteggi:

BCS 1 = Emaciato. Costole, proiezioni vertebrali lombari e prominenze ossee intorno al bacino sono chiaramente visibili. C'è una grave perdita di muscoli e nessun grasso corporeo.

BCS 3 = Sottopeso. Le costole possono essere sentite con facilità e potrebbero essere visibili. Non molto grasso presente. L'addome si restringe al fianco e il punto vita può essere visto dall'alto. Possono essere visibili alcune proiezioni ossee, come è facilmente visibile la parte superiore delle vertebre lombari.

BCS 5 = Ideale. Grasso minimo sopra le costole, che si possono sentirle facilmente. Vita e costole sono visibili quando si sta sopra il cane. Addome ristretto quando visto di lato.

BCS 7 = Sovrappeso. Grasso presente sopra le costole, serve un po' di pressione per sentirle. Depositi di grasso sul posteriore e intorno alla base della coda. Non si può vedere facilmente il punto vita. Restrizione addominale presente, ma leggera.

BCS 9 = Obeso. Molto grasso intorno alla base della coda, alla colonna vertebrale e al petto. L'addome può sporgere oltre le costole. Nessun punto vita o restrizione addominale visibile. Depositi di grasso sul collo e sugli arti.

Ogni punteggio di condizione corporea equivale al 10% del peso corporeo. Quindi, ad esempio, se il punteggio di condizione corporea del tuo cane è sette, ha bisogno di perdere il 20% del suo peso corporeo per raggiungere un punteggio sano di cinque. Il punteggio può quindi essere utilizzato per calcolare quanto dovrebbe pesare il tuo cane: se il tuo cane pesa 34 kg ed è in sovrappeso del 20%, dovrebbe in realtà pesare 27 kg. Il modo ottimale per raggiungere questo obiettivo è somministrando al tuo cane la giusta quantità di cibo richiesta per il suo peso ideale e non per il suo peso attuale, come indicato dalle informazioni sulla confezione del cibo. Tuttavia, perdere peso è una maratona e non una corsa, poiché una rapida perdita di peso può anche portare a complicazioni; quindi, una riduzione di peso in circa sei mesi è una tempistica adeguata a cui mirare. Ricorda: anche i premi contano come calorie, per cui dovrebbero essere presi in considerazione quando misuri la quantità giornaliera di cibo per il tuo Labrador. Se pensi che il tuo cane abbia bisogno di perdere peso, è sempre meglio farlo formulando un piano con il tuo veterinario e portandolo in ambulatorio per pesate regolari.

Integratori alimentari

Potresti considerare l'uso di integratori per il tuo Labrador; tuttavia, sappi che sono inutili, a meno che il tuo cane non abbia un problema o il suo corpo subisca una maggiore quantità di sforzi, ad esempio come un cane molto attivo.

Gli integratori alimentari potrebbero includere probiotici, integratori per le articolazioni come glucosamina e condroitina, integratori per la pelle come oli omega e biotina, e integratori calmanti come L-triptofano. Alcuni alimenti per cani hanno già questi aggiunti, quindi controlla il cibo del tuo Labrador prima di rischiare di dargliene una doppia dose.

Puoi acquistare integratori dal tuo veterinario locale, negozio di animali o online: molti di essi sono simili alle versioni umane; tuttavia, è importante non dare al tuo Labrador un integratore per la salute umana, poiché gli integratori umani possono avere ingredienti aggiuntivi per migliorare il gusto che potrebbero essere tossici per il tuo Labrador. Gli integratori di solito si presentano sotto forma di polveri, liquidi, snack o compresse, tutti altamente appetibili per i cani.

Gli integratori sono generalmente naturali e sicuri, ma dovresti comunque discutere l'aggiunta di un integratore alla dieta del tuo cane con il tuo veterinario, poiché occasionalmente possono verificarsi reazioni incrociate con determinati farmaci. In ogni caso, gli integratori possono essere ottime aggiunte per aiutare a mantenere il tuo Labrador in condizioni ideali insieme a una dieta equilibrata e nutriente.

CAPITOLO 9
Cura dentale

Importanza della cura dentale

Se hai un Labrador da un po' di tempo, è possibile che ti sia abituato al suo odore canino; tuttavia, anche se ormai non fai più caso all'odore del suo pelo, noterai sicuramente quando ha l'alito cattivo. L'alito cattivo è definito anche alitosi ed è il risultato dei batteri presenti nella bocca, che possono trovarsi sui denti o nella saliva. La cura dentale quotidiana è fondamentale per impedire che questi batteri causino un accumulo di placca e tartaro, il quale può provocare gonfiore delle gengive, noto come gengivite, e rendere i denti traballanti e marci.

Spesso, le malattie dentali nei cani passano inosservate fino a quando non è troppo tardi e stanno già causando un dolore significativo al tuo amico a quattro zampe. Possono influire silenziosamente sul benessere del tuo cane e dovrebbero essere prevenute a tutti i costi. La maggior parte dei proprietari presume che il proprio cane non mangerà se ha dolore alla bocca, ma nel caso di un Labrador, il suo appetito vorace significa che tende a mangiare indipendentemente da quanto siano messi male i suoi denti: pertanto, è importante controllare regolarmente la bocca del tuo Labrador e fornire cure dentali preventive per evitare interventi dentali drastici.

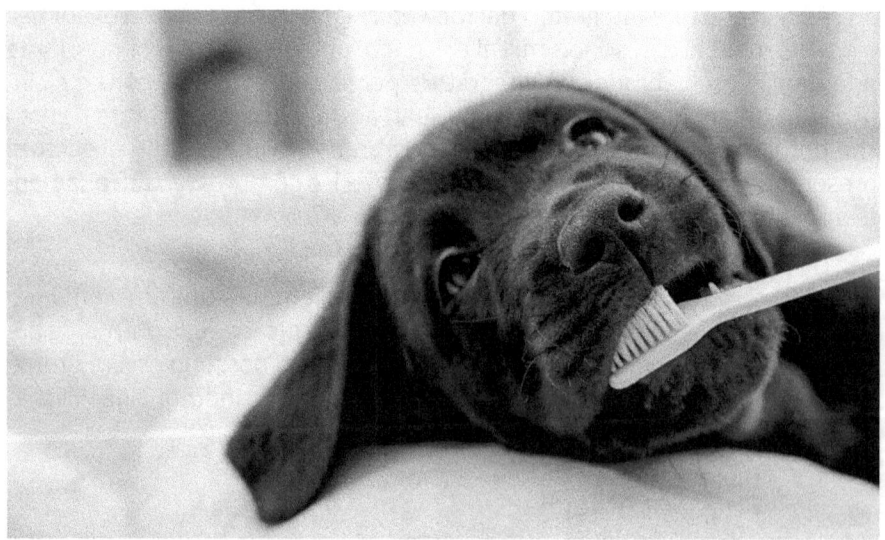

Anatomia dentale

Un dente è una struttura ossea composta da una parte visibile sopra le gengive, detta corona, e una o più radici sotto le gengive. Nei primi mesi di vita del Labrador crescono di solito 28 denti decidui (da cucciolo) che cadono e vengono sostituiti da 42 denti permanenti tra i quattro e gli otto mesi di età. Il processo della dentizione, che può essere pruriginoso e fastidioso, è il motivo principale per cui i cuccioli tendono a masticare tutto.

I piccoli denti nella parte anteriore della bocca si chiamano incisivi. Questi venivano usati dagli antenati selvatici dei cani per rosicchiare la carne dalle ossa. Accanto agli incisivi ci sono i canini lunghi, usati in natura per afferrare le prede. All'interno delle guance del cane ci sono denti più grandi e piatti chiamati premolari e molari, utilizzati per triturare cibi più duri.

Lo strato esterno di un dente è lo smalto, che è uno strato protettivo. All'interno del dente c'è la polpa, una sezione carnosa composta da nervi e vasi sanguigni che fornisce al dente tutti i nutrienti necessari per sopravvivere e, se viene esposta, può causare un dolore considerevole. Attorno alla radice del dente c'è l'alveolo dentale, ovvero una cavità nella mascella dove si trova il dente. A tenere il dente nell'alveolo è una struttura resistente chiamata legamento parodontale. Le malattie dentali indeboliscono questo legamento, portando il dente a diventare traballante e, infine, a cadere.

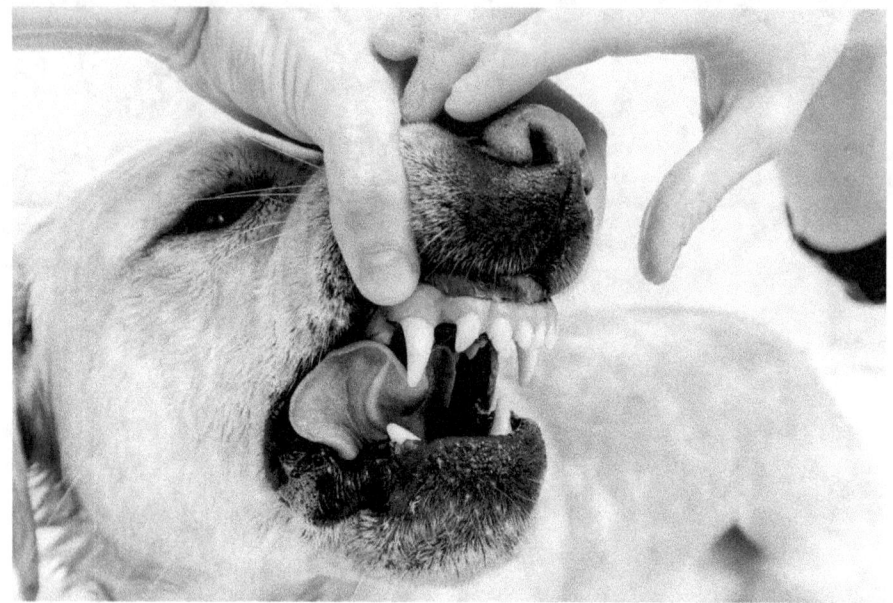

Accumulo di tartaro e gengivite

Il tartaro è una miscela di residui di cibo e batteri che si accumula alla base della corona. Il corpo reagisce ai batteri inviando cellule infiammatorie nell'area per combatterli, ma questo causa solo infiammazione e dolore alle gengive. Se non viene rimosso il tartaro, l'infiammazione, nota come gengivite, peggiora sempre di più.

Prevenire l'accumulo di tartaro attraverso la cura dentale e lo spazzolamento dei denti aiuterà a prevenire la gengivite. Se il problema è diventato grave o il tartaro si è mineralizzato (diventando un vero e proprio calcolo dentale), è impossibile rimuoverlo senza una procedura dentale di cui parleremo più avanti nel capitolo.

Epulide

I Labrador sono predisposti a sviluppare un tumore benigno della bocca noto come epulide. Il tumore consiste in una crescita eccessiva del tessuto gengivale, solitamente innescata da un'infiammazione cronica. Esistono tre diversi tipi di epulide:

1. **Ossificante** – il tumore contiene una miscela di cellule ossee e gengivali.

2. **Fibromatosa** – il tumore è composto da fibre resistenti.

3. **Acantomatosa** – un tipo di tumore distruttivo che distruggerà il tessuto circostante, comprese le ossa.

Sebbene le epulidi non siano tecnicamente cancerose e non si diffondano in tutto il corpo, possono causare problemi locali come sanguinamento, disagio e accumulo di residui di cibo, portando a infezioni o ascessi. Se causano problemi devono essere rimosse chirurgicamente, tuttavia è possibile che ricrescano successivamente se non possono essere completamente asportate.

Cura dentale

La cura dentale dovrebbe iniziare quando il tuo cane è un cucciolo. Se inizierai solo quando c'è già una malattia dentale in progressione, sarà impossibile annullare il danno già fatto. Spazzolare i denti non è qualcosa che molti cani tollereranno se introdotto in età avanzata; quindi, insegnare al tuo cucciolo di Labrador che la cura dentale è un'esperienza divertente e positiva fin da giovane darà i suoi frutti più avanti nella vita.

Il pilastro della cura dentale è lo spazzolamento dei denti, un'attività che aiuta a rimuovere l'accumulo di tartaro se eseguita regolarmente. Dovresti spazzolare i denti del tuo cane quotidianamente se possibile, o almeno tre volte a settimana perché sia efficace. Puoi usare uno spazzolino normale o per bambini, ma potresti trovare più facile usare uno spazzolino da dito, un oggetto simile a un ditale di plastica dotato di setole, o anche uno spazzolino per cani angolato per aiutarti a raggiungere il fondo della bocca. Non dovresti mai usare dentifricio per umani, poiché è tossico per i cani. Il dentifricio per cani è disponibile in molti negozi per animali, veterinari e online ed è formulato con enzimi per scomporre il tartaro, uccidere i batteri e rinfrescare l'alito.

Quando spazzoli i denti è facile dimenticare i molari in fondo, quindi assicurati di tirare indietro le grandi guance del tuo Labrador per raggiungerli. Quando hai finito di spazzolare, dagli molte coccole e premi per chiudere l'esperienza con una positiva per lui.

Lo spazzolamento dentale può essere completato dall'uso di snack dentali: questi non rappresentano un sostituto dello spazzolamento, ma possono essere utili per assicurarsi che i denti del tuo cane restino puliti tra una spazzolata e l'altra, a patto che il tuo Labrador li mastichi davvero e non li inghiotta a velocità fulminea con una masticazione minima! Il concetto alla base degli snack dentali è che sono modellati in modo da causare attrito,

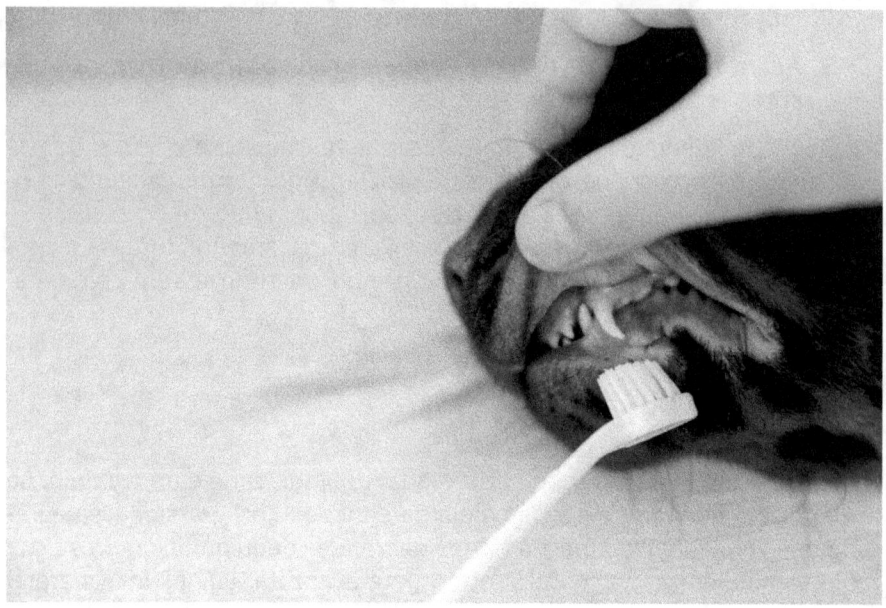

abrasione o suzione al dente, affinché il tartaro che non è ancora troppo aderente si stacchi. Tuttavia, non dimenticare che gli snack contengono calorie e che tutti i proprietari di Labrador devono tenere d'occhio la linea del loro cane, quindi ricordati di togliere un numero equivalente di calorie dal cibo normale del tuo cane.

Un'altra opzione per mantenere i denti puliti è il collutorio canino. Questo può essere aggiunto all'acqua da bere e funziona in modo simile al dentifricio, poiché contiene enzimi che aiutano a sciogliere il tartaro. Aiuterà anche a rinfrescare l'alito del tuo cane. Tuttavia, se il tartaro si è già accumulato da un po', non farà alcuna differenza. Come per il dentifricio, dovresti sempre usare un collutorio formulato specificamente per cani. Il collutorio per umani è tossico per i cani e può causare gravi danni alla loro salute.

Per prenderti cura dei denti del tuo Labrador puoi utilizzare una varietà di prodotti per la cura dentale, tuttavia il modo più efficace per gestire i denti del tuo cane è somministrare cibo secco. Le crocchette secche per cani, come gli snack dentali, aiutano a rimuovere il tartaro mentre il tuo cane le mastica. La taglia delle crocchette dovrebbe essere il più grande possibile per un cane di taglia media-grande, o ancora meglio, dovrebbe essere un alimento dentale specializzato. Questi alimenti sono composti da crocchette di grandi dimensioni che creano una leggera suzione quando i denti le masticano, risultando in una maggiore rimozione del tartaro.

Procedure dentali

Se il tuo cane ha una malattia dentale o un accumulo di tartaro che non migliora con una cura dentale diligente, può aver bisogno di una procedura dentale. Questa è una procedura che il tuo veterinario eseguirà per te; dopo, i denti del tuo Labrador sembreranno quelli di un cucciolo.

Una procedura dentale, che può essere eseguita presso il tuo ambulatorio veterinario locale, richiede un'anestesia generale; tuttavia, il tuo Labrador dovrà rimanere nella clinica veterinaria solo per la giornata e sarà pronto per tornare a casa nel pomeriggio una volta sveglio. La procedura inizierà con la rimozione di tutto il tartaro dai denti per diminuire la carica batterica nella bocca. Dopo di che, il veterinario sonderà ogni dente per verificare se qualcuno deve essere rimosso. In caso affermativo, allenterà il legamento parodontale con uno strumento speciale chiamato elevatore per poter estrarre il dente. Se l'alveolo è grande, il tuo veterinario può scegliere di suturarlo per evitare che il cibo vi si accumuli. Al termine della procedura, i denti rimanenti verranno lucidati e la bocca risciacquata.

Se il tuo Labrador ha subito l'estrazione di qualche dente, probabilmente tornerà a casa con antibiotici e antidolorifici e potrà sentirsi un po' sottotono durante la serata, ma dovrebbe riprendersi entro la mattina successiva.

Anche se sottoporre il tuo cane a una procedura dentale può sembrare invasivo, ricorda che si sentirà molto meglio dopo con una bocca senza dolore, e tu potrai goderti un Labrador con l'alito fresco!

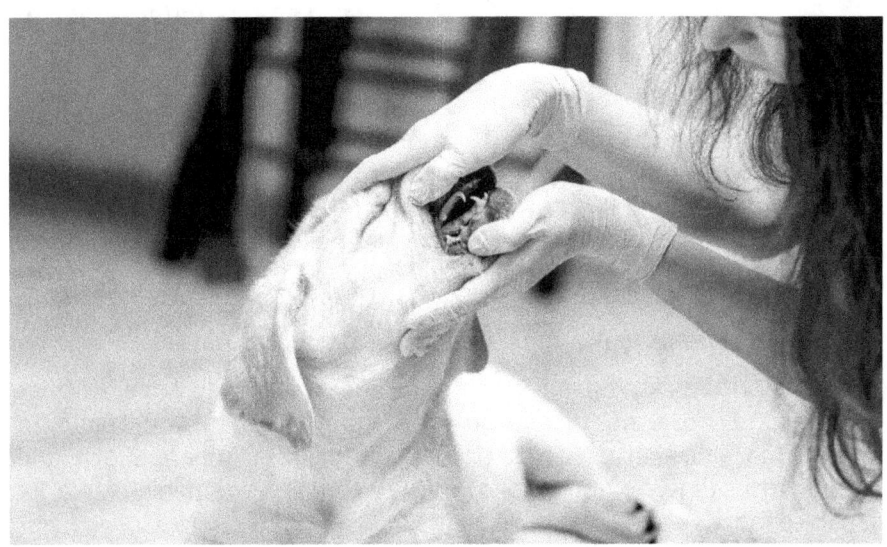

CAPITOLO 10
Toelettatura

La toelettatura di un Labrador non dovrebbe essere un compito diffi-cile, se hai abituato il tuo Labrador ad accettare di essere spazzola-to fin da cucciolo. È importante che i Labrador imparino a tollerare tutti gli aspetti della toelettatura, inclusi il bagno, la spazzolatura e la pulizia delle orecchie, poiché essendo naturalmente attratti dall'acqua, potrebbero aver bisogno di un bagno o di una pulizia delle orecchie più spesso rispetto al cane medio. Inoltre, i Labrador perdono pelo in modo moderato o abbon-dante, soprattutto due volte all'anno; quindi, la toelettatura del tuo cane aiuterà a ridurre la presenza di peli in casa.

Il mantello

«Perdono pelo circa quattro volte all'anno, quando si liberano di gran parte del sottopelo, ma perdono anche un po' di pelo quotidiana-mente. Spazzolarli settimanalmente aiuterà a ridurre gli accumuli. Il mio consiglio migliore? Scegli un Labrador il cui colore del mantello si abbini alla tua casa e ai tuoi vestiti!»

Jennifer Robinson
Chestnut's Labs2Love

Come discusso nel Capitolo 1, i Labrador hanno un doppio mantello denso e impermeabile che perde peli abbondantemente due volte all'an-no, in primavera e in autunno. Il loro mantello si è sviluppato in modo che, quando i Labrador originari lavoravano nelle gelide acque canadesi, fossero protetti dal freddo dell'acqua. Erano preferiti ai Retriever a pelo lungo perché su questi cani dal mantello più lungo il ghiaccio poteva in-crostarsi, facendo sì che impiegassero più tempo per riscaldarsi.

"Doppio mantello" significa che ci sono due strati di pelo: il "pelo di guar-dia" o mantello esterno ha una consistenza più ruvida, mentre il "sottope-lo" è più morbido e chiaro, con secrezioni naturali di oli impermeabilizzanti. Combinati insieme, rendono molto difficile il contatto diretto dell'acqua con la pelle e fungono da eccellente isolante.

Fortunatamente, anche se il mantello è spesso, è relativamente corto e liscio, quindi non difficile da curare. I cani a doppio mantello non dovrebbero mai essere rasati, il che significa che probabilmente non avrai bisogno di portare il tuo Labrador dal toelettatore per la manutenzione del suo pelo.

Salute del mantello

«I Labrador Retriever generalmente richiedono pochissima manutenzione per quanto riguarda il mantello. Una buona spazzola da acquistare è il 'Furminator', mentre un buono shampoo da tenere a portata di mano è il 'Curaseb' in caso di hot spot in estate o di problemi batterici/fungini nel mantello.»

Lori Lutz
Bowery Run Labradors

Foto di
Tom Powell

Mantenere sano il mantello del tuo Labrador richiederà spazzolature frequenti e bagni occasionali.

Dovresti toelettare il tuo Labrador il più frequentemente possibile, poiché questo non solo aiuterà a rimuovere i peli morti e quindi a ridurre la perdita di pelo, ma migliorerà la circolazione della pelle, favorendo la salute e la lucentezza del mantello. Inoltre, la toelettatura regolare ti aiuterà a individuare eventuali problemi precocemente e migliorerà anche il legame con il tuo cane. Se puoi spazzolare il tuo cane quotidianamente, è eccellente, ma anche una o due volte a settimana saranno sufficienti.

Ti servono pochi tipi di spazzole per il tuo Labrador:

- Una spazzola a spilli, con lunghe setole metalliche

- Una spazzola a setole, con setole morbide e fitte

- Extra opzionali: una spazzola slicker (simile a una spazzola a spilli, ma con setole metalliche più corte) e un pettine da levriero (un pettine metallico per peli più lunghi)

Inizia usando una spazzola a spilli e spazzola nella direzione del pelo con movimenti lunghi. Una volta che il tuo Labrador si abitua alla sensazione, puoi iniziare a spazzolare con movimenti più brevi e vivaci in direzioni diverse rispetto al flusso naturale del pelo. Questo aiuta a separare il mantello e a spazzolare un po' più in profondità verso la pelle. Infine, puoi terminare la spazzolatura con una spazzola a setole morbide per rilassare il tuo Labrador e favorire la distribuzione degli oli naturali in tutto il mantello.

La spazzolatura può essere preceduta da un bagno; tuttavia, fare il bagno troppo frequentemente con lo shampoo priverà il mantello dei suoi oli naturali, riducendone la lucentezza e la capacità di fornire uno strato impermeabilizzante. Ciononostante, i Labrador sono una calamita per l'acqua e il fango, quindi potresti scoprire che il tuo Lab ha bisogno di un bagno relativamente spesso. Per evitare di privare il mantello degli oli, puoi usare acqua tiepida per risciacquare lo sporco dal mantello e usare lo shampoo solo quando il tuo cane inizia a emanare odore, il che idealmente non dovrebbe avvenire più di una volta al mese.

I bagni è meglio farli dentro la vasca, ma in una giornata calda, puoi usare il tubo dell'acqua all'esterno con delicatezza. Dovresti usare acqua tiepida, idealmente da un soffione staccabile, ma se non hai questa opzione, puoi usare una tazza o una brocca per versare l'acqua.

Ci sono molti shampoo sul mercato che possono essere usati sui cani; dovresti cercare di sceglierne uno che sia delicato sulla pelle e progettato per non seccarla. Lo shampoo all'avena è una scelta popolare per questo motivo, ma il tuo veterinario o l'assistente del negozio di animali saranno in grado di darti consigli sui prodotti disponibili in vendita più adatti al tuo amico peloso.

Quando fai il bagno al tuo cane, ci sono punti che potresti facilmente trascurare, come lo spazio tra i cuscinetti sotto le zampe e la pulizia intorno agli occhi e al muso. Potrebbe essere più facile occuparsi di queste aree con salviette per toelettatura, invece di lavarle durante il bagno.

Taglio delle unghie

Il taglio delle unghie è davvero importante se non porti regolarmente il tuo cane a camminare su terreni duri, perché se non ha modo di limare naturalmente le sue unghie, queste potrebbero crescere eccessivamente e incarnirsi nelle zampe, provocando un dolore estremo.

Le unghie sono fatte di cheratina e, se tagliate correttamente, il processo di taglio non causa alcun dolore. Tuttavia, il centro dell'unghia, chiamato "matrice ungueale", è pieno di vasi sanguigni e nervi: se questa parte viene accidentalmente tagliata, può sanguinare profusamente ed essere mol-

to dolorosa. È importante insegnare al tuo Labrador a stare fermo quando tagli le unghie per ridurre le possibilità che ciò accada. Inizia quando il tuo Labrador è un cucciolo, toccando regolarmente le sue zampe, sollevandole e toccandogli le unghie. Questo lo abituerà al processo prima di tagliare le unghie per la prima volta.

Per tagliare le unghie del tuo Labrador, dovrai acquistare un taglia unghie grande dal tuo negozio di animali locale. Ne servirà uno grande perché un Labrador adulto ha unghie spesse e resistenti. Quando tagli le unghie del tuo cane, inizia tagliando solo una piccola quantità per evitare di tagliare la matrice. Potresti essere fortunato e avere un Labrador con unghie chiare che ti permetteranno di vedere la matrice, ma la maggior parte dei Labrador avrà unghie nere, il che rende molto difficile il taglio. A volte, se giri la zampa sottosopra puoi vedere fino a dove si estende la matrice, ma questo non vale per tutti i cani. Quindi, se non ti senti sicuro nel tagliare le unghie del tuo Labrador, puoi chiedere al tuo veterinario, all'infermiere veterinario o al toelettatore locale di aiutarti.

Se accidentalmente tagli la matrice, la cosa più importante è non farti prendere dal panico. Applica un po' di pressione sulla zampa sanguinante con un batuffolo di cotone, oppure, se hai una penna coagulante al nitrato d'argento (disponibile anche nel tuo negozio di animali locale o online), puoi tenerla sull'area che sta sanguinando per alcuni secondi per fermare il flusso di sangue.

Alcuni cani che hanno paura del tagliaunghie potrebbero tollerare una lima per unghie o un Dremel, uno strumento ricaricabile che lima l'unghia invece di tagliarla.

Pulizia delle orecchie

«Poiché i Labrador Retriever hanno padiglioni auricolari (orecchie che si piegano sul canale uditivo), è importante controllare la presenza di detriti e utilizzare un detergente auricolare di alta qualità se si rileva qualsiasi odore.»

Lori Lutz
Bowery Run Labradors

La conformazione delle orecchie dei Labrador le rende inclini alle infezioni: poiché il padiglione (lembo) dell'orecchio si piega sull'apertura dell'orecchio stesso, si crea un ambiente umido ideale per la crescita di batteri

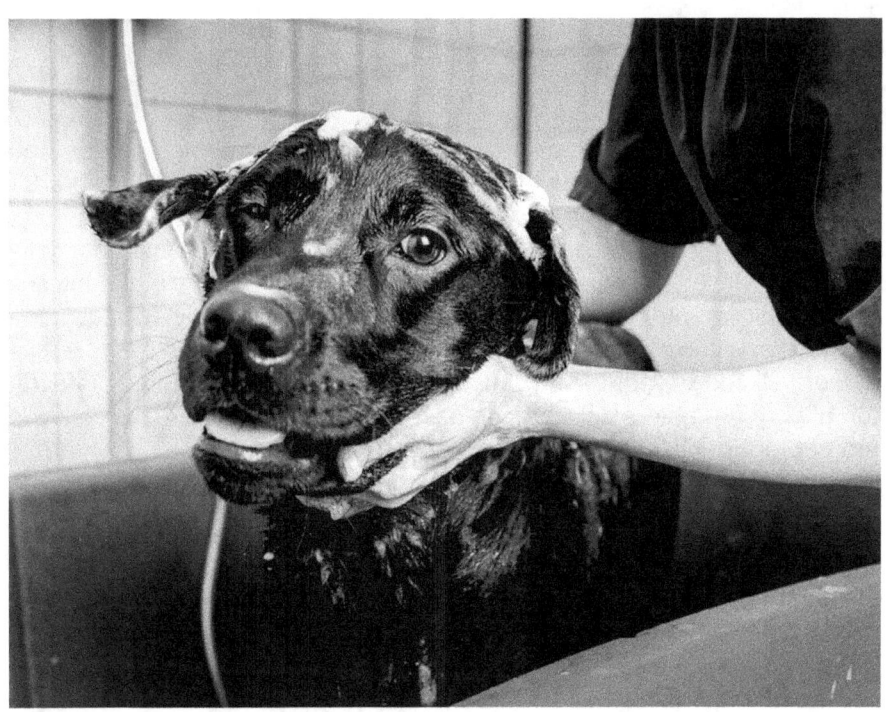

e lieviti. Oltre a questo, il contatto ripetuto con l'acqua durante il nuoto, in particolare in acque sporche, fornisce un ambiente perfetto per le infezioni.

Tuttavia, se pulisci regolarmente le orecchie del tuo cane, avrà molte più possibilità di rimanere libero da infezioni, poiché lo scopo dei detergenti per orecchie non è solo quello di pulire l'orecchio sciogliendo il cerume e rimuovendo lo sporco, ma anche di equilibrare l'ambiente all'interno dell'orecchio, creandone uno che non risulti ideale alla proliferazione di batteri e lieviti. Puoi pulire le orecchie del tuo Labrador dopo ogni nuotata o semplicemente come parte della routine di pulizia una volta al mese se non ha problemi, oppure una volta ogni una o due settimane se ha infezioni ricorrenti. Puoi acquistare il detergente per orecchie in un negozio di animali, online o in uno studio veterinario, ma i migliori sono quelli approvati dai veterinari, per cui vale la pena chiedere quale raccomanda il tuo veterinario.

Inizia la pulizia sollevando il padiglione dell'orecchio del tuo cane; quindi, posiziona l'ugello nel canale uditivo e spruzza il prodotto. Una volta applicata una quantità sufficiente, rimetti giù il padiglione e massaggia tutta l'area per 20-30 secondi. È probabile che il tuo cane scuota la testa quando lo lasci andare, ma questa è una cosa buona, poiché fa salire in superficie tutto il cerume e lo sporco allentati. Termina la pulizia eliminando i residui con un po' di cotone, poi ripeti con l'altro orecchio.

Ghiandole anali

La maggior parte dei toelettatori svuoterà le ghiandole anali del tuo cane per te. Tuttavia, se non porti con una certa frequenza il tuo Labrador dal toelettatore o dal tuo veterinario, dovrà essere qualcosa a cui fare periodicamente attenzione. Le ghiandole anali si trovano nelle posizioni delle quattro e delle otto in punto all'interno dell'ano. Sono sacche ridondanti che possono facilmente riempirsi di materiale fecale, se le feci del tuo Lab sono più molli del solito. Una dieta di qualità garantirà solitamente che le feci siano normali, ma se vedi che ha difficoltà a ottenere questo risultato, integratori di fibre nella dieta del tuo cane possono aiutare a rendere più solide le feci per fornire più stimolazione al passaggio.

Quando le ghiandole anali si riempiono, dovranno essere svuotate da un veterinario, un infermiere veterinario o un toelettatore per assicurarsi che non si infettino. È facile capire se sono piene perché il tuo Labrador te lo farà sicuramente sapere: si strofinerà il sedere sul terreno in un movimento noto come "scooting" per cercare di alleviare il disagio delle ghiandole piene. È anche probabile che lecchi l'area. Se ti sfuggono questi indizi, non ti sfuggirà sicuramente il ripugnante odore di pesce che le ghiandole anali piene portano in casa!

Se il tuo cane ha problemi ricorrenti con le sue ghiandole anali, possono essere rimosse; tuttavia, questa può essere una procedura rischiosa poiché i nervi dello sfintere anale passano proprio dietro di esse: se danneggiati, lo sfintere anale può diventare incontinente, il che è antigienico per il tuo cane e per la casa. Prima dell'intervento chirurgico, il tuo veterinario potrebbe provare a svuotare regolarmente le ghiandole ogni due settimane o a lavarle sotto anestesia.

***

Mantenere il tuo Labrador ben toelettato non è troppo impegnativo rispetto alle razze di cani a pelo lungo, ma non dovrebbe comunque essere trascurato. Il tuo Labrador prospererà con questa attenzione extra e non solo migliorerà la sua salute, ma anche il vostro legame.

CAPITOLO 11
Medicina veterinaria preventiva

«L'ambiente influisce sulla longevità dei nostri cani tanto quanto la genetica. L'obesità può causare displasia dell'anca in un cane nato da un accoppiamento geneticamente sano; il cancro può essere provocato dall'alimentazione e dall'esposizione a prodotti chimici per prati in una linea altrimenti geneticamente forte. La genetica rappresenta solo il 50% dell'equazione, che può essere migliorata acquistando da un allevatore che sottopone a test sanitari la coppia riproduttiva e può tracciarne la storia per più generazioni su entrambi i lati dei genitori. L'altro 50% è gestito dal proprietario, che fornisce un'alimentazione adeguata, esercizio fisico e un'esposizione corretta al mondo esterno».

Lori Lutz
Bowery Run Labradors

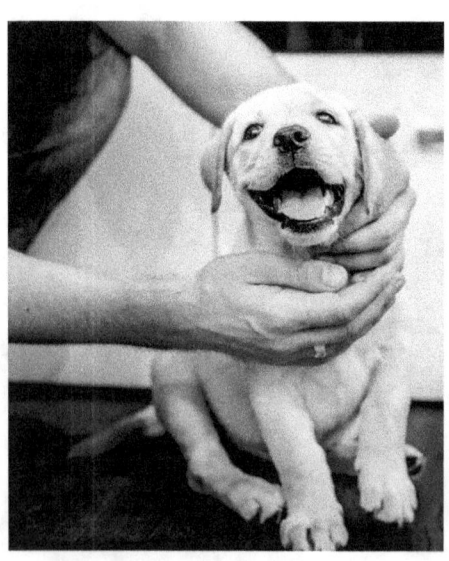

Naturalmente, la tua principale preoccupazione per il tuo Labrador è mantenerlo in salute. Il tuo veterinario può aiutarti in questo ed è disponibile non solo per curare problemi di salute, ma anche per prevenirli. Dopotutto, prevenire è meglio che curare. Considerando la lunga lista di potenziali problemi di salute del Labrador, come approfondiremo nel Capitolo 12, vale la pena scegliere un veterinario di cui ti fidi completamente e che abbia modo di conoscere il tuo Labrador come se fosse il suo. In questo modo, potrà aiutarti a prevenire potenziali problemi e mantenere il tuo Labrador in salute.

Scegliere un veterinario

Ci sono molti aspetti da considerare quando scegli un veterinario. È nell'interesse del tuo Labrador che tu ti affidi a un singolo veterinario o ambulatorio veterinario per assicurarti che il medico sia sempre aggiornato sulla salute del tuo cane. Inoltre, nel caso in cui tu debba presentare una richiesta di rimborso all'assicurazione per animali domestici (di cui discuteremo più avanti in questo capitolo), è più semplice se la storia clinica completa del tuo cane è conservata in un unico ambulatorio. Pertanto, trovare un veterinario di cui ti fidi per tutta la vita del tuo cane è un compito che non dovrebbe essere preso alla leggera.

La prima considerazione riguarda l'esperienza del veterinario. Alcuni veterinari esercitano da decenni, mentre altri sono nuovi alla professione. Alcuni avranno intrapreso studi post-laurea, mentre alcune cliniche potrebbero persino offrire veterinari con servizi specialistici come cardiologia, oftalmologia e ortopedia. Questo è un vantaggio eccellente perché significa che, se il tuo Labrador ha un problema, non dovrà percorrere lunghe distanze fino a un ospedale specializzato. Non dovresti essere scoraggiato se il tuo potenziale veterinario è ancora relativamente nuovo alla professione: ciò che potrebbe mancare in esperienza potrà essere supportato dal personale senior per seconde opinioni; inoltre, spesso i veterinari più giovani sono più aggiornati sui recenti cambiamenti nella medicina veterinaria rispetto ai veterinari più anziani, che potrebbero avere più esperienza pratica ma essere indietro sui nuovi sviluppi.

La prossima considerazione è la distanza da casa tua. Se il tuo Labrador dovesse mai aver bisogno di assistenza medica in caso di emergenza, ogni minuto potrebbe fare la differenza tra la vita o la morte. Anche se non devi necessariamente scegliere l'ambulatorio veterinario più vicino a te, è una buona idea poter raggiungere il tuo veterinario entro 20 minuti in caso di necessità.

Un'altra considerazione importante è se i "servizi extra" sono importanti per te. Alcuni ambulatori veterinari offrono servizi aggiuntivi come toelettatura, pensione, corsi di addestramento, corsi di socializzazione per cuccioli, ambulatori per il controllo del peso, ambulatori per cani diabetici e consulenze con infermieri veterinari. Non è essenziale avere accesso a tutti questi servizi presso il tuo ambulatorio veterinario locale; tuttavia, averli tutti in un unico posto aiuterà il tuo Labrador a sentirsi come se stesse andando in un luogo familiare ogni volta.

Anche i servizi di emergenza sono un aspetto importante da considerare: non tutti gli ambulatori veterinari offrono un servizio di emergenza fuori orario ed è ormai comune che un veterinario riferisca i pazienti fuori orario a un servizio di emergenza dedicato. Questo ha i suoi vantaggi, perché i veterinari che lavorano al servizio di emergenza sono formati specificamente in cure di emergenza e terapia intensiva e quindi puoi stare tranquillo che il tuo Labrador sta ricevendo il miglior trattamento; tuttavia, l'inconveniente è che spesso questo servizio è più costoso e richiede di riportare il tuo cane dal veterinario abituale per il ricovero durante il giorno, se necessario.

Infine, nella mente di molte persone è molto rilevante l'aspetto economico. In realtà, la maggior parte degli ambulatori veterinari propone prez-

Foto di
Alli Wright

zi relativamente competitivi, quindi non dovrebbe esserci una grande variazione di costo. Tuttavia, alcune cliniche potrebbero offrire programmi di fidelizzazione o piani per animali sani che ti permettono di ottenere uno sconto su procedure di routine come sterilizzazione, vaccinazioni, trattamento antiparassitario e microchippatura. Questi programmi possono risultare vantaggiosi perché non solo ti aiutano a risparmiare denaro, ma ti ricorderanno anche di rimanere aggiornato con i trattamenti preventivi.

Vaccinazioni

Le vaccinazioni dovrebbero costituire una parte importante delle misure preventive per la salute del tuo Labrador. Ci sono molte malattie mortali nel mondo che possono essere facilmente prevenute con le vaccinazioni.

Dovresti iniziare le vaccinazioni del tuo cucciolo di Labrador a 8 settimane di età; se l'allevatore rilascia il tuo cucciolo solo dopo questa età, dovrebbe aver già ricevuto la prima vaccinazione quando lo ritiri. Un ciclo di vaccinazione per cuccioli potrebbe richiedere due o tre vaccini, ciascuno distanziato da due a quattro settimane a seconda della marca del vaccino e del rischio di malattia nella tua area geografica.

Dopo le vaccinazioni primarie, il tuo Labrador dovrebbe ricevere un richiamo a un anno di età e poi annualmente. Alcune persone scelgono di eseguire un esame del sangue per verificare i livelli di immunità e vaccinare solo quando questi diminuiscono; tuttavia, questo non è necessario poiché le vaccinazioni sono estremamente sicure, con effetti avversi che si verificano solo molto raramente.

I vaccini sono divisi in due categorie: vaccini core (essenziali) e non-core (facoltativi). I vaccini core variano a seconda della prevalenza delle malattie nella tua area geografica, ma le malattie comuni contro cui si vaccina includono parvovirus, cimurro, epatite (adenovirus canino), leptospirosi, parainfluenza, Bordetella e rabbia.

Il parvovirus è una malattia che colpisce principalmente i cuccioli, sebbene possano contrarla cani di qualsiasi età. È un virus mortale che causa sanguinamento nell'intestino e diarrea. Alcuni cani possono anche vomitare. Questo porta a una rapida disidratazione. Si contrae principalmente attraverso la trasmissione fecale-orale o la condivisione di ciotole per cibo e acqua.

L'epatite, altrimenti nota come adenovirus canino, è una malattia che colpisce il fegato. L'infiammazione del fegato può causare febbre, vomito, letargia, diarrea, ittero, linfonodi ingrossati e portare alla morte.

Il cimurro è un virus che colpisce molti sistemi corporei diversi. Inizialmente causa vomito, starnuti e tosse, oltre a cuscinetti ispessiti sulle zampe e sulla punta del naso. Una volta che il virus si è diffuso al cervello, causa convulsioni.

La leptospirosi è una malattia che ha diverse varianti, note come sierotipi. Alcuni veterinari vaccinano contro i due più comuni, altri vaccinano contro quattro. Può causare sintomi simili all'epatite, come vomito, diarrea e ittero, ma causerà anche sintomi neurologici. Colpisce principalmente i reni, il fegato, il sistema nervoso centrale e il sistema riproduttivo.

La tosse dei canili è una malattia contro cui si vaccina spruzzando il vaccino nel naso. La tosse dei canili è in realtà un complesso di malattie comunemente causate da Bordetella e parainfluenza in combinazione. La tosse dei canili causa una tosse aspra simile al verso dell'oca o una tosse secca e può causare l'espulsione di catarro. Può essere facilmente scambiata per vomito.

La rabbia è una malattia contro la quale la vaccinazione è vitale nelle aree del mondo dove è endemica. Colpisce il cervello e si diffonde attraverso la saliva, che contamina il sangue attraverso morsi o semplicemente un graffio. È trasmissibile agli esseri umani.

I vaccini per cimurro, epatite e parvovirus sono spesso combinati in un'unica vaccinazione iniettabile, che a volte unisce anche il vaccino contro

leptospirosi e possibilmente parainfluenza in una singola siringa. Se la parainfluenza non viene somministrata in forma iniettabile, può essere combinata con il vaccino che viene spruzzato nel naso per la Bordetella. Il vaccino per la rabbia, invece, viene somministrato come vaccinazione iniettabile individuale.

Microchippatura

Un microchip è un inserto metallico delle dimensioni di un chicco di riso che può essere inserito nella collottola del tuo cane tramite un'iniezione dal tuo veterinario. Potresti pensare che un'iniezione per inserire un microchip sia dolorosa, ma il dolore è rapido e di brevissima durata: la maggior parte dei cuccioli lo avrà dimenticato entro pochi secondi dall'iniezione.

Un microchip è un'ottima idea perché, se il tuo Labrador si perde o viene rubato e successivamente viene recuperato dalle autorità o portato da un veterinario, una rapida scansione del microchip gli permetterà di essere rapidamente riunito a te. In alcune parti del mondo, Italia inclusa, i microchip sono un requisito legale e non strumenti opzionali.

Inutile dire che un microchip non può assolvere il suo scopo se i tuoi dati non sono aggiornati. Ogni volta che cambi casa o numero di cellulare, dovresti contattare l'anagrafe canina della tua ASL di appartenenza per modificare i tuoi dati: in questo modo, puoi essere sicuro che il tuo cane possa essere facilmente rintracciato.

Parassiti esterni

Le pulci, parassiti esterni comuni, rappresentano una grave minaccia per la salute del tuo Labrador. A seconda di dove vivi geograficamente, anche gli acari della rogna e le zecche potrebbero rappresentare una minaccia.

I parassiti esterni possono essere contratti dal tuo Labrador da altri animali, dall'ambiente e persino da te. Pulci e acari causano un intenso prurito a causa dei loro morsi, con conseguente possibilità di osservare un'eruzione cutanea rossa e il tuo Labrador che si gratta. La differenza è che gli acari sono microscopici, mentre le pulci possono essere viste a occhio nudo. Anche così, il 95% delle pulci vive nell'ambiente, il che significa che non sono sempre evidenti sul tuo cane. Un semplice test per vedere se il tuo cane ha le pulci è strofinare un tovagliolo di carta bianco sul pelo per rimuovere un po' di sporco e polvere. Dopo, facendo cadere qualche goccia d'acqua sullo

Foto di
Chris Norton

sporco, se si tratta di residui di pulci, il tovagliolo di carta diventerà marrone o rosso scuro.

Le zecche, d'altra parte, di solito non causano disagio a meno che il morso non diventi localmente infetto. La preoccupazione maggiore è che le zecche possono trasmettere malattie al tuo cane e, quindi, dovrebbero essere rimosse rapidamente o prevenute. Vale la pena tenere a portata di mano un gancio per zecche, che puoi acquistare dal tuo veterinario, dal negozio di animali o online. Un gancio per zecche consente una facile rimozione della zecca senza toccarla e garantisce che le parti della bocca vengano rimosse in modo pulito, poiché è quando queste vengono lasciate nella pelle che può verificarsi un'infezione.

I parassiti esterni possono essere prevenuti con un trattamento antiparassitario preventivo che può durare da poche settimane a pochi mesi, a seconda del prodotto utilizzato: può presentarsi sotto forma di compresse, snack, pipette spot-on e collari. Puoi anche utilizzare shampoo antiparassitari che uccidono i parassiti, ma non lasceranno una protezione duratura. Alcuni trattamenti antiparassitari possono essere acquistati in un negozio di animali, altri presso un ambulatorio veterinario. I prodotti dell'ambulatorio veterinario, tuttavia, sono solitamente più forti e spesso funzionano meglio.

Parassiti interni

Così come dovresti trattare regolarmente i parassiti esterni, dovresti anche trattare regolarmente i parassiti interni. I tipi più comuni di vermi includono:

- **Vermi intestinali tondi e tenie:** questi causano diarrea, perdita di peso e gonfiore. In casi estremi, possono causare blocchi gastrointestinali potenzialmente letali.

- **Vermi polmonari:** questi vermi impediscono al sangue di coagulare e possono causare sanguinamento negli occhi. Causano anche tosse, che può portare a difficoltà respiratorie poiché danneggiano i polmoni.

- **Filaria cardiopolmonare:** si riproduce nel sistema circolatorio e può causare blocchi potenzialmente letali nel cuore, nelle arterie e nei piccoli vasi nei polmoni e che portano al cervello.

Alcuni trattamenti contro le pulci includono anche trattamenti vermifughi, quindi un'applicazione di un farmaco coprirà tutti i tipi di parassiti; tuttavia, dovresti sempre seguire le raccomandazioni del tuo veterinario su quali trattamenti utilizzare sul tuo cane.

I trattamenti vermifughi completi contro i vermi tondi e le tenie sono generalmente raccomandati ogni tre mesi se il tuo cane rovista all'aperto o ogni sei mesi se non lo fa. Pertanto, per i Labrador con appetiti voraci, dovrai sicuramente sverminare ogni tre mesi! Se vivi in un'area dove i vermi polmonari sono prevalenti, è meglio sverminare il tuo cane con un trattamento contro i vermi tondi ogni mese e applicare un trattamento contro la tenia ogni tre mesi.

Sterilizzazione e castrazione

Se non hai intenzione di far riprodurre il tuo Labrador, cosa che non dovresti considerare se non sei un allevatore esperto, è nell'interesse del tuo Labrador essere castato. La castrazione dei maschi previene accoppiamenti indesiderati, riduce l'impulso a vagabondare che potrebbe portare a incidenti stradali, previene la frustrazione sessuale, riduce la marcatura del territorio e le tendenze aggressive (anche se il Labrador non dovrebbe naturalmente avere tendenze aggressive), diminuisce i rischi di condizioni della prostata ed elimina i tumori degli organi riproduttivi. La sterilizzazione di una femmina elimina i periodi problematici quando è in calore, previene gravidanze indesiderate, riduce e quasi elimina le possibilità di tumori mammari, oltre a prevenire i tumori dell'utero e delle ovaie, così come un'infezione uterina potenzialmente letale chiamata piometra.

Sia la castrazione che la sterilizzazione richiedono che il tuo cane trascorra la giornata presso il tuo ambulatorio veterinario locale. Dovrà essere portato presto, senza aver fatto colazione. L'operazione viene solitamente eseguita al mattino, per cui il tuo cane sarà probabilmente dimesso nel pomeriggio, dopo alcune ore di osservazione. L'anestetico impiegherà il resto della giornata per svanire, quindi non preoccuparti se il tuo Labrador sembra un po' giù di tono. Puoi dargli del cibo semplice, come pollo e riso, e lasciarlo dormire per il resto della giornata. Entro il giorno successivo, dovresti notare un grande miglioramento. Nelle due settimane successive all'operazione è davvero importante che tu non lasci che il tuo Labrador corra troppo, salti o lecchi l'incisione: queste azioni possono far sì che i punti del cane si stacchino e si sviluppi un'infezione della ferita, che rallenterà significativamente la guarigione e richiederà farmaci extra. La maggior parte dei veterinari desidera controllare l'incisione dopo due o tre giorni, poi di nuovo dopo 14 giorni per rimuovere i punti.

Assicurazione per animali domestici

Quando acquisti o adotti un Labrador, dovresti considerare di stipulare un'assicurazione per animali domestici. Come discusso nel Capitolo 12, i Labrador sono predisposti a molte condizioni: avere un'assicurazione per animali domestici ti darà la tranquillità che l'onere finanziario di queste condizioni dovrebbe essere coperto fino a un certo punto. Le spese veterinarie possono arrivare a migliaia di euro rapidamente e inaspettatamente, e molte persone non possono permettersi un pagamento improvviso di questa entità. L'assicurazione per animali domestici ti darà quindi l'opportunità di prendere decisioni sulla salute del tuo Labrador senza la preoccupazione delle finanze.

Quando decidi quale assicuratore per animali domestici scegliere, dovresti leggere attentamente le clausole scritte in piccolo. Esistono diversi tipi di polizze: alcune ti danno un fondo di denaro che puoi utilizzare annualmente per qualsiasi condizione, altre forniscono un fondo di denaro più piccolo all'anno per una determinata condizione, altre ancora prevedono un massimale di spesa per una certa condizione per tutta la vita del tuo cane. Non c'è un'opzione giusta o sbagliata, ma potresti trovare che una ti si addice più di un'altra. Molte compagnie assicurative prevedono anche tre diversi livelli di copertura, oltre a come il denaro viene suddiviso:

- Copertura per incidenti

- Copertura per incidenti e malattie

- Copertura per incidenti, malattie e cure di routine (che include contributi per vaccinazioni, controllo dei parassiti, sterilizzazione e cure dentali)

Se adotti o acquisisci un Labrador più anziano, potresti scoprire alcune restrizioni sulla tua polizza da parte della compagnia assicurativa, che potrebbe inserire esclusioni o prevedere un pagamento di franchigia più elevato su ogni richiesta. Una compagnia assicurativa potrebbe persino pagare una quota più ridotta di ogni richiesta al di sopra dell'importo della franchigia, quindi non presumere che la polizza standard sarà applicabile a un cane più anziano. Allo stesso modo, se hai avuto il tuo Labrador fin da giovane e lo iscrivi all'assicurazione solo quando è più anziano, è probabile che tu debba pagare un premio più elevato rispetto a quanto avresti pagato se avessi aperto una polizza assicurativa all'inizio della sua vita. Questo perché la compagnia assicurativa si assume più rischi, dal momento che i cani anziani tendono ad avere più condizioni problematiche.

Vale la pena assicurare il tuo Labrador dal giorno in cui lo porti a casa, poiché qualsiasi condizione per cui dovrà vedere un veterinario farà parte della sua storia clinica e sarà esclusa dalle richieste future. Al contrario, se la tua assicurazione è già in vigore quando il tuo cane viene trattato per la prima volta per una condizione, sarà coperto per tutto il tempo indicato nei termini della tua particolare polizza assicurativa. Poiché i Labrador possono essere soggetti a molte costose condizioni che durano tutta la vita, è consigliata una polizza a vita.

Non sei solo se ritieni che pagare l'assicurazione per animali domestici sia uno spreco di soldi, e potresti voler considerare l'apertura di un conto speciale per mettere da parte denaro specificamente per il tuo Labrador. Sfortunatamente, è probabile che questa somma di denaro non sia sufficiente per ciò di cui potresti effettivamente aver bisogno se il tuo Labrador avesse improvvisamente un grave incidente o sviluppasse una malattia cronica. In tal caso, probabilmente scopriresti che l'assicurazione per animali domestici si sarebbe ripagata da sola nel corso della vita del tuo Lab.

L'assicurazione per animali domestici eliminerà gran parte della preoccupazione di provvedere al tuo cane, poiché se sorge qualcosa di inaspettato, sai che sarà coperto. Pertanto, acquistando un'assicurazione per animali domestici e fornendo le misure veterinarie preventive delineate in questo capitolo, puoi essere sicuro di dare al tuo cane ogni opportunità di vivere una vita sana e felice.

CAPITOLO 12
Condizioni di salute del Labrador Retriever

Come per la maggior parte delle razze canine pure, i Labrador Retriever possono essere geneticamente predisposti a sviluppare determinate condizioni di salute, le quali derivano dalla consanguineità e dalla scarsa selezione dei genitori da parte degli allevatori. La maggior parte degli allevatori iscritti ai libri genealogici mira a eliminare le malattie genetiche attraverso test scrupolosi, evitando di far riprodurre cani che sviluppano una certa condizione. Tuttavia, allevatori meno professionali e allevatori improvvisati potrebbero essere più indiscriminati nella scelta dei genitori, aumentando quindi la probabilità di problemi di salute nella prole. Di conseguenza, vale la pena investire in un cucciolo proveniente da un allevatore iscritto al libro genealogico e con una buona reputazione per l'allevamento di cuccioli sani e di alta qualità.

Condizioni cardiache

Le condizioni cardiache sono problemi di salute che colpiscono il cuore o il sistema circolatorio. Possono essere potenzialmente letali.

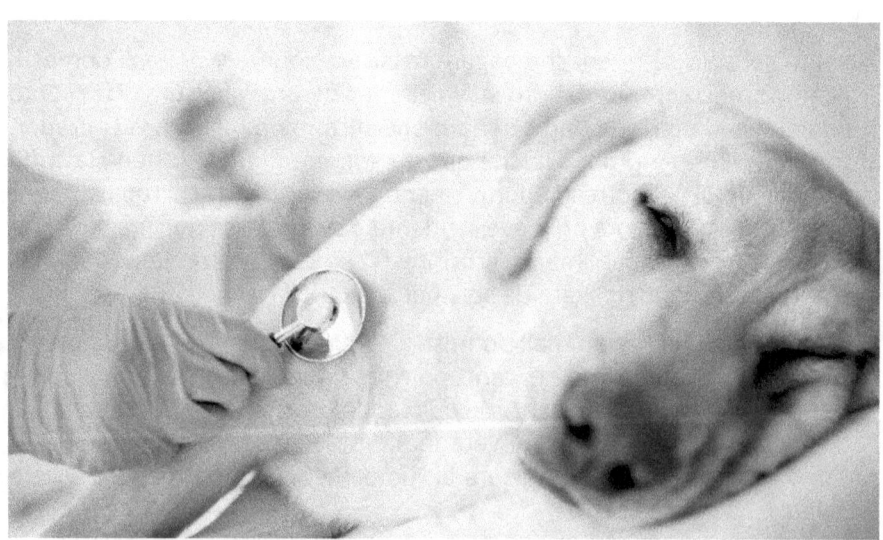

Blocco atrioventricolare

Il muscolo cardiaco viene stimolato da impulsi elettrici a contrarsi e pompare il sangue fuori dal cuore. Questo avviene con un ritmo regolare, producendo un battito cardiaco costante. Se il ritmo si altera, a parte un leggero aumento della velocità durante l'inspirazione e una diminuzione durante l'espirazione, si parla di aritmia.

Un blocco atrioventricolare si verifica quando solo la parte superiore del cuore riceve il segnale elettrico per battere, mentre la metà inferiore no: questo fa sì che il cuore perda parte del battito ed è definito blocco atrioventricolare (o blocco AV). A volte, questo può verificarsi in modo intermittente, noto come blocco AV di secondo grado, mentre altre volte accade a ogni battito, noto come blocco AV di terzo grado.

I sintomi includono intolleranza all'esercizio fisico, svenimenti e, nei casi gravi, insufficienza cardiaca.

Il blocco AV può essere trattato con farmaci per aiutare il cuore a battere in modo più regolare ed efficace; tuttavia, i casi gravi potrebbero richiedere l'impianto di un pacemaker.

Versamento pericardico

Il pericardio è una sacca che circonda il cuore. Quando in questa sacca si accumula del liquido, si parla di versamento pericardico. I Labrador maschi sono a rischio più elevato rispetto alle femmine. Ci possono essere molte ragioni per l'accumulo di liquido attorno al cuore, come l'insufficienza cardiaca primaria, ma nei Labrador, la ragione principale sembra essere "idiopatica", cioè sconosciuta o senza causa.

I problemi derivanti dal versamento pericardico sono legati al fatto che il cuore ha meno spazio per pompare a causa della restrizione dovuta al liquido che lo circonda. Le conseguenze includono collasso, accumulo di liquidi nell'addome a causa di un ristagno del sangue che cerca di entrare nel cuore, polsi deboli e debolezza.

Il liquido può essere drenato dal sacco pericardico da un veterinario: di solito, questa operazione solito risolve i sintomi, a meno che la causa sottostante non provochi il ritorno del liquido.

Displasia della valvola tricuspide

La valvola tricuspide è una valvola all'interno del lato destro del cuore che impedisce il riflusso del sangue quando il muscolo cardiaco si contrae. La displasia della valvola tricuspide è una malformazione della valvola che la rende difettosa. Questo può portare al suono di un soffio cardiaco, causato dal flusso sanguigno turbolento all'interno del cuore, e all'ingrossamento del lato destro del cuore a causa di un sovraccarico del volume sanguigno.

I sintomi clinici includono affaticamento e frequenza cardiaca accelerata, che alla fine portano a sintomi di insufficienza cardiaca come accumulo di liquido addominale (noto come ascite) e liquido nei polmoni.

La prognosi dipende dalla gravità della displasia: se è solo lieve, può essere gestita con farmaci che migliorano l'efficacia di pompaggio del cuore e riducono l'accumulo di liquidi nei polmoni e nell'addome.

Condizioni dermatologiche

Le condizioni dermatologiche sono problemi della pelle. Anche se non sono potenzialmente letali, possono causare notevoli disagi.

Dermatite atopica

La dermatite atopica, nota anche come allergia cutanea, si manifesta in diversi modi. Il più comune è la pelle pruriginosa, solitamente nelle regioni della pancia, dell'inguine, delle ascelle e delle zampe. Anche i canali auricolari possono infiammarsi e, nei casi più rari, l'intestino può essere disturbato, portando a diarrea. Non sembra esserci una correlazione tra i diversi allergeni e le diverse aree che si infiammano sul corpo, ma piuttosto varia su base individuale. Gli allergeni possono includere proteine alimentari (come pollo, manzo, ecc.), allergeni ambientali (erba, polline, ecc.) e allergie agli insetti (acari, pulci, ecc.).

È raro che un cane sia allergico a una sola cosa; di solito sono coinvolti diversi allergeni e scoprire quali sono i colpevoli è un processo di eliminazione. Esiste la possibilità di eseguire esami del sangue per indagare la reazione ai diversi allergeni; tuttavia, questi test possono essere costosi oltre che aspecifici e inconcludenti nei loro risultati. In ogni caso, a volte i risultati possono essere utili per evitare l'allergene o per creare un vaccino contro le allergie.

Oltre allo sviluppo di vaccini contro gli allergeni, esistono diverse opzioni di trattamento per gestire le allergie che mirano a ridurre l'infiammazione della pelle o a ridurre la risposta immunitaria, e includono steroidi, antistaminici e immunosoppressori. Ci sono anche vari modi per gestire la pelle in modo che la barriera cutanea sia in migliore salute e non si infiammi tanto, come l'aggiunta di oli omega alla dieta, che sono antinfiammatori naturali e migliorano la salute della barriera cutanea, e shampoo lenitivi come quello all'avena.

Purtroppo, la dermatite atopica è una condizione che dura tutta la vita, quindi è importante trovare il modo più efficace per gestirla per il tuo Labrador.

Condizioni endocrine

Le condizioni endocrine sono problemi degli organi o delle ghiandole che producono e secernono i messaggeri ormonali nel sangue, i quali regolano il metabolismo, la crescita, la funzione dei tessuti, il sonno, l'umore e la riproduzione.

Diabete mellito

Il diabete mellito è una condizione più comune nei Labrador castrati, rispetto a quelli che non sono stati castrati o sterilizzati. Questo è un effetto opposto rispetto ad altre razze, dove la sterilizzazione delle femmine riduce solitamente le possibilità di diabete.

Il diabete è una condizione in cui l'insulina non viene prodotta o le cellule del corpo non rispondono all'insulina, risultando in un alto livello di glucosio (zucchero) nel sangue. Un alto livello di zucchero nel sangue può causare sintomi come aumento della sete, aumento della minzione, cambiamento nei livelli di fame (che di solito risultano inizialmente aumentati, per poi di-

minuire), cataratte, perdita di peso e debolezza. Se non trattato, il diabete è potenzialmente letale.

Il diabete viene trattato con iniezioni di insulina somministrate nella collottola. Sono necessarie solo piccole quantità di insulina e gli aghi sono minuscoli, il che significa che probabilmente il tuo Labrador non se ne accorgerà nemmeno. Le iniezioni vengono somministrate due volte al giorno, a 12 ore di distanza, dopo un pasto. Inizialmente sarà necessario un monitoraggio frequente dei livelli di glucosio da parte del tuo veterinario per poter regolare le iniezioni di insulina alla quantità ideale, ma una volta scoperto il volume ideale di insulina, la prognosi è buona con un trattamento diligente.

Ipotiroidismo

La ghiandola tiroidea produce gli ormoni tiroidei, che controllano il metabolismo del corpo. La maggior parte dei casi di ipotiroidismo è causata dalla distruzione della ghiandola tiroidea e quindi dall'incapacità di produrre ormoni tiroidei.

Potrebbe essere difficile capire se il tuo cane ha l'ipotiroidismo, poiché i sintomi clinici possono essere aspecifici. I segni comuni includono un aumento di peso senza un aumento dell'appetito, ottusità mentale, letargia o riluttanza a fare esercizio, ricerca di luoghi caldi e cambiamenti nella pelle e nel pelo, come pelle secca, pelo opaco, aumento della perdita di pelo, diradamento del pelo e infezioni della pelle.

Il tuo veterinario può testare l'ipotiroidismo con un esame del sangue; la supplementazione con ormoni tiroidei orali di solito porta a un grande miglioramento dei sintomi.

Condizioni digestive

Il sistema digestivo è composto da tutti gli organi coinvolti nel transito e nel metabolismo del cibo, tra i quali stomaco, intestino, pancreas e fegato. Le condizioni del sistema digestivo possono variare in gravità e causare un'ampia gamma di sintomi.

Shunt portosistemico

Il fegato è vitale per convertire i nutrienti in forme utilizzabili e per convertire i prodotti di scarto e le tossine in materiali da espellere; tuttavia, quando un cane è ancora feto, il fegato non ha bisogno di fare alcun lavoro perché non vi è ingestione di cibo. Pertanto, il sangue viene deviato oltre il fegato tramite una scorciatoia per ridurre la resistenza e facilitare il flusso sanguigno.

Verso la fine della gravidanza, questa scorciatoia si chiude e il fegato diventa funzionale; tuttavia, il Labrador Retriever presenta un aumentato rischio genetico che questa scorciatoia, chiamata in termini medici shunt portosistemico, rimanga in posizione, risultando in un uso ridotto del fegato. Questo può causare un pericoloso accumulo di ammoniaca dalle proteine digerite, che può avere gravi conseguenze sul corpo. I sintomi includono aumento della sete, vomito, diarrea e pressione della testa contro i muri (a causa di una condizione chiamata encefalopatia epatica).

L'intervento chirurgico per chiudere lo shunt è il trattamento preferibile, ma per alcuni cani, la condizione deve essere gestita medicalmente con farmaci per ridurre l'accumulo di liquidi nel cervello e diminuire i segni neurologici, in combinazione con una dieta povera di proteine per ridurre l'ammoniaca.

Condizioni ortopediche

"I Labrador sono noti per avere problemi all'anca e al gomito: ecco perché è importante trovare un allevatore che faccia i necessari controlli sanitari. Anche con test adeguati, vi è ancora la possibilità che il tuo cucciolo soffra di problemi articolari, ma è molto più bassa. Mantenere una dieta adeguata e limitare l'esercizio fisico fino a quando non sarà completamente cresciuto è il modo migliore per evitare che il tuo cucciolo sviluppi problemi articolari."

Kathy Jackson
Karemy Labs

Le condizioni ortopediche sono tutte le condizioni che colpiscono la struttura muscolo-scheletrica del corpo, che include ossa, articolazioni, muscoli, legamenti e tendini. Sono spesso condizioni dolorose.

Lesione del legamento crociato

Ci sono due legamenti crociati che tengono insieme il ginocchio del cane; tuttavia, il legamento crociato craniale, quello anteriore, può essere soggetto a lesioni. Questo causa un'instabilità nell'articolazione del ginoc-

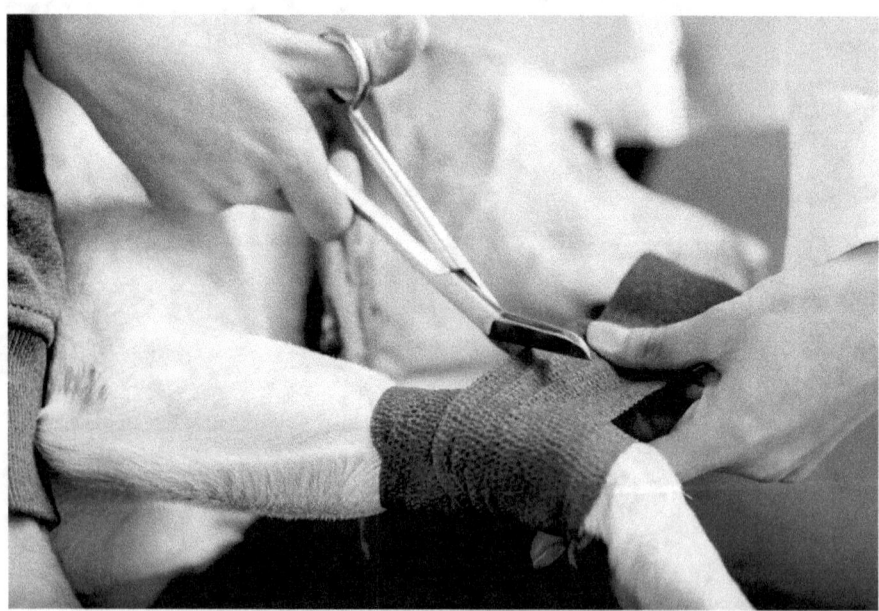

chio e un notevole disagio. Quelli a più alto rischio sono i Labrador sterilizzati e castrati, specialmente i maschi, e quelli di età superiore ai quattro anni.

Le lesioni del legamento crociato possono consistere in una lacerazione parziale o completa e provocheranno una zoppia, con il tuo Labrador che probabilmente cercherà di evitare di caricare peso sulla zampa interessata. Queste lesioni possono essere trattate con diverse tecniche chirurgiche o con un rigoroso riposo in gabbia; tuttavia, in cani più grandi come un Labrador, la chirurgia fornirà un risultato migliore.

Displasia articolare, osteocondrosi e osteoartrite

La displasia articolare dell'anca o del gomito è una condizione comune nei cani di taglia grande, e il Labrador è uno dei più suscettibili. L'anca è un'articolazione a sfera e cavità dove la testa del femore (sfera) si adatta a una cavità nel bacino. Normalmente dovrebbe essere un abbinamento perfetto, come due pezzi di un puzzle, ma quando un cane ha la displasia dell'anca, la sfera o la cavità sono malformate. Quando le forme non si abbinano bene, significa che l'articolazione è meno stabile durante i movimenti. Nei casi gravi di displasia dell'anca, la sfera può lussarsi e uscire dalla cavità dell'anca mentre l'articolazione si muove, risultando in un'andatura traballante e oscillante se vista da dietro.

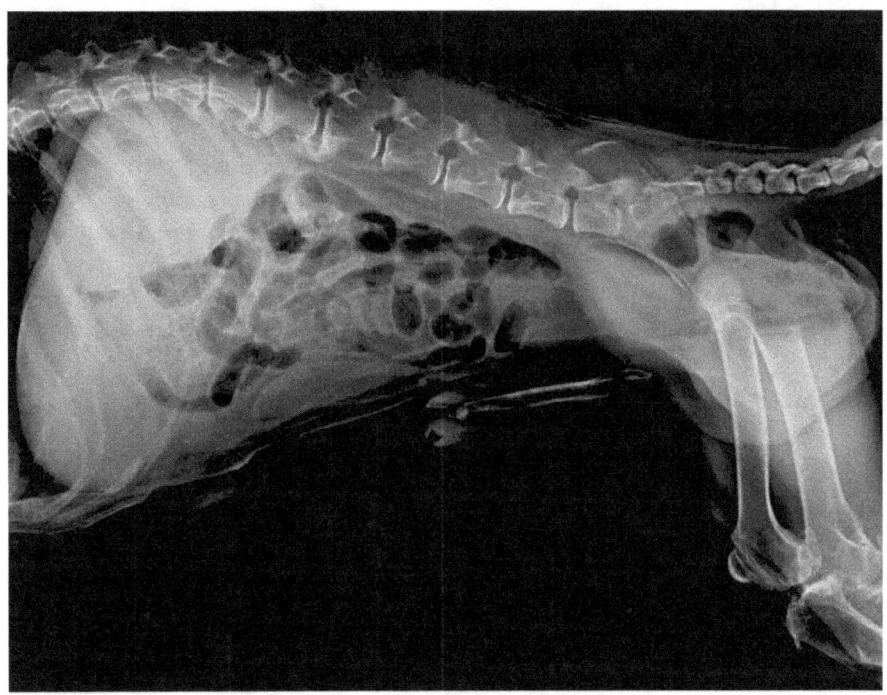

La displasia del gomito, d'altra parte, ha molti elementi diversi. Il gomito non è un'articolazione semplice come l'anca, motivo per cui all'interno della condizione di displasia del gomito possono ricadere molteplici anomalie. Il problema più comune nella displasia del gomito è l'osteocondrite dissecante (OCD): questa si presenta quando un lembo di cartilagine articolare si separa dalla superficie interna dell'articolazione. Oltre a questo, diverse parti delle ossa coinvolte nell'articolazione possono staccarsi: questo fenomeno è noto come mancata unione del processo anconeo (UAP) e frammentazione del processo coronoideo mediale (FMCP). Tali condizioni portano a zoppia o a un'andatura insolita.

La displasia articolare viene solitamente diagnosticata in base a radiografie o artroscopia; tuttavia, la maggior parte dei veterinari può farsi un'idea precisa se un cane soffre di displasia dell'anca o del gomito da un semplice esame clinico. È meglio capire se un cane ha la displasia o meno fin da giovane, poiché se non viene rilevata, l'osteoartrite si instaurerà in una fase precoce, come vedremo nel Capitolo 16. Il rischio può essere mitigato con cambiamenti nello stile di vita, come tenere il cane sotto controllo durante le passeggiate e fargli fare salti minimi, nonché attraverso terapie fisiche, come l'idroterapia, per costruire muscoli. Anche gli integratori articolari aiutano a mantenere la salute delle articolazioni. Il peso del cane gioca un ruolo importante nella gestione delle articolazioni, poiché un cane più leggero avrà meno forza gravitazionale sulle articolazioni e quindi meno stress. Inevitabilmente, tutti i cani che hanno la displasia articolare un giorno avranno l'osteoartrite; tuttavia, l'obiettivo è evitarla il più a lungo possibile.

La chirurgia è un'opzione per migliorare l'articolazione nei i casi gravi di displasia sia del gomito che dell'anca. Nella displasia del gomito, la chirurgia di solito comporta la rimozione di frammenti ossei o cartilaginei. A volte un UAP può essere riattaccato con l'uso di viti se l'intervento viene eseguito in età molto giovane. Con la displasia dell'anca, l'articolazione può essere modificata rimuovendo la testa del femore, rimodellandola e sostituendola, oppure togliendola completamente. Sia con la displasia dell'anca che del gomito, la sostituzione totale dell'articolazione è il trattamento chirurgico standard, ma con gli impianti può costare molto, poiché l'intervento richiede l'immensa abilità del chirurgo e parti di impianto costose.

Prevenire è sempre meglio che curare, quindi acquistare un cucciolo da un allevatore che ha fatto radiografare e valutare le articolazioni dei genitori ti aiuterà a evitare di acquistare una genetica scadente, come discusso nel Capitolo 4. In Italia, la valutazione dell'anca e del gomito può essere effettuata attraverso la FSA (Fondazione Salute Animale), che è l'organismo ufficiale riconosciuto dall'ENCI per la certificazione della displasia articolare utilizzando il sistema di classificazione FCI.

Coda fredda

La sindrome della coda fredda è anche conosciuta come "coda del timone", "coda del nuotatore", "coda dell'acqua fredda", "coda molle" e "scodinzolo rotto". È quando la coda diventa flaccida e ha un movimento minimo. Questo è di solito immediatamente evidente in un Labrador, poiché le loro code spesso scodinzolano senza sosta.

La condizione è solitamente dolorosa e potresti notare un po' di gonfiore alla base della coda, dove si trova il muscolo coccigeo. È più comune nei cani da lavoro o nei cani che nuotano regolarmente e, anche se la causa e l'elemento genetico non sono completamente chiari, una lesione al muscolo coccigeo sembra essere un elemento ricorrente nella condizione.

La condizione di solito si risolve da sola entro pochi giorni o settimane; tuttavia, il tuo veterinario probabilmente prescriverà alcuni antinfiammatori per aiutare il tuo cane con il disagio.

Panosteite

La panosteite è una condizione che colpisce i cani giovani (tra i 6 e i 16 mesi), in rapida crescita, di taglia grande, che può essere paragonata ai dolori della crescita. Si pensa che la genetica, lo stress e le condizioni autoimmuni siano tutti collegati al suo sviluppo; tuttavia, la causa sottostante è ancora sconosciuta.

I sintomi includono zoppia, dolore, aumento della temperatura, mancanza di appetito e disagio quando si toccano le ossa lunghe delle zampe. A volte viene colpito solo un osso, altre volte sono coinvolte più ossa.

Il trattamento mira ad alleviare il dolore; tuttavia, la condizione è autolimitante e si risolve da sola.

Tumori

Cancro è una parola spaventosa; tuttavia, non tutti i tumori sono uguali. Alcuni si diffondono rapidamente in tutto il corpo, risultando in un significativo accorciamento della durata della vita, mentre altri si diffondono molto lentamente o per niente. I Labrador sono inclini a diversi tipi di tumori, alcuni dei quali benigni e altri aggressivi.

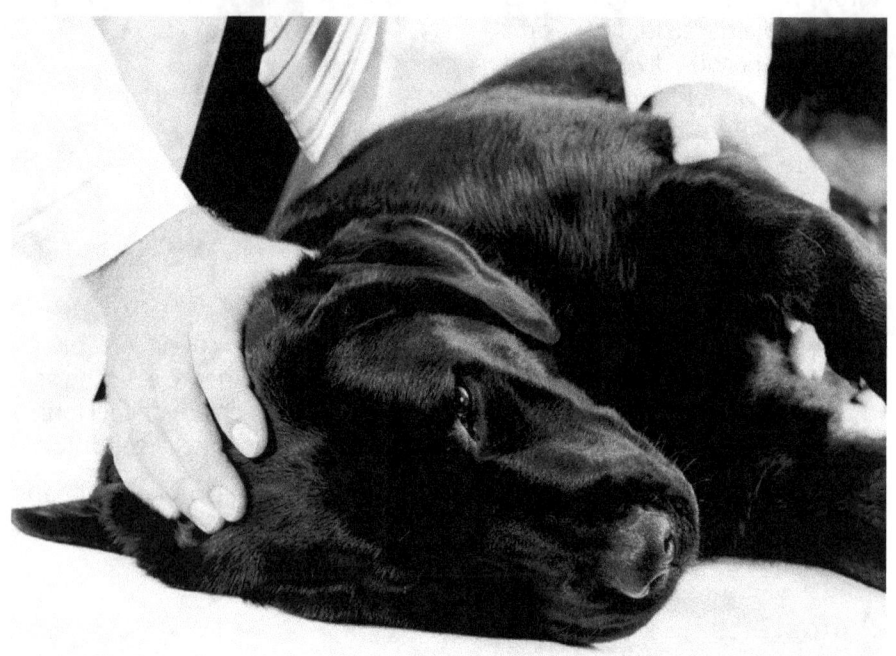

Emangiosarcoma

Un emangiosarcoma è un tumore di origine vascolare, il che significa che è pieno di sangue e spesso di colore rosso. Di solito compaiono sui cani più anziani; nei Labrador, l'età media per lo sviluppo di un emangiosarcoma (se sviluppato) è di 10 anni.

A volte può essere difficile capire se il tuo Labrador ha un emangiosarcoma, poiché non sono sempre evidenti sulla pelle. Possono svilupparsi anche sulla milza o sul fegato o diffondersi dalla pelle a questi organi.

L'intervento chirurgico per rimuovere i tumori è il trattamento preferibile e dovrebbe essere effettuato il prima possibile, poiché avendo origine dai vasi sanguigni, questi tumori possono diffondersi molto facilmente attraverso il sangue ad altri organi.

Lipoma

Un lipoma è un tumore benigno della pelle originato dalle cellule adipose. Si verificano generalmente in animali obesi, e i Labrador sono inclini all'obesità. Sono di solito tumori morbidi e rotondi che si muovono se toccati.

Anche se i lipomi sono benigni e non potenzialmente letali, possono progredire fino a dimensioni molto grandi, causando disagio al tuo cane.

La chirurgia è curativa e, finché il tumore viene completamente asportato, non presenta rischio di recidiva.

Mastocitoma

I mastocitomi originano dai mastociti e di solito si sviluppano nella pelle, prima di diffondersi agli organi interni. I siti più comuni sono la pancia e gli arti.

I mastociti sono globuli bianchi che rilasciano istamina, facendo sì che questi tumori possano essere pruriginosi o fastidiosi, oltre ad aumentare e diminuire di dimensioni. Sono classificati su una scala da I a III, con I che è di basso grado e III che è aggressivo e di alto grado. Il grado del tumore determina quanto è probabile che si diffonda e causi problemi in tutto il corpo.

La rimozione chirurgica è il trattamento preferibile; tuttavia, per i tumori di grado II o III o tumori con evidenza di diffusione in tutto il corpo, la chirurgia potrebbe essere seguita dalla chemioterapia.

Osteosarcoma

Un osteosarcoma è un tumore osseo che può essere aggressivo. Le ossa più comunemente colpite sono il radio, l'omero, il femore e la tibia. Il segno clinico più comune è la zoppia, in combinazione con il gonfiore dell'osso.

Poiché le ossa colpite sono solitamente le ossa della zampa, potrebbe essere necessaria l'amputazione della zampa seguita dalla chemioterapia; tuttavia la prognosi è ancora scarsa, con cani non trattati che vivono non più di pochi mesi e cani che hanno subito un intervento chirurgico che vivono in media solo cinque mesi in più.

Condizioni neurologiche

Le condizioni neurologiche che si manifestano in giovane età sono spesso ereditarie. Queste sono condizioni che colpiscono il cervello e il midollo spinale. Le condizioni che compaiono più tardi nella vita hanno meno probabilità di essere legate alla genetica.

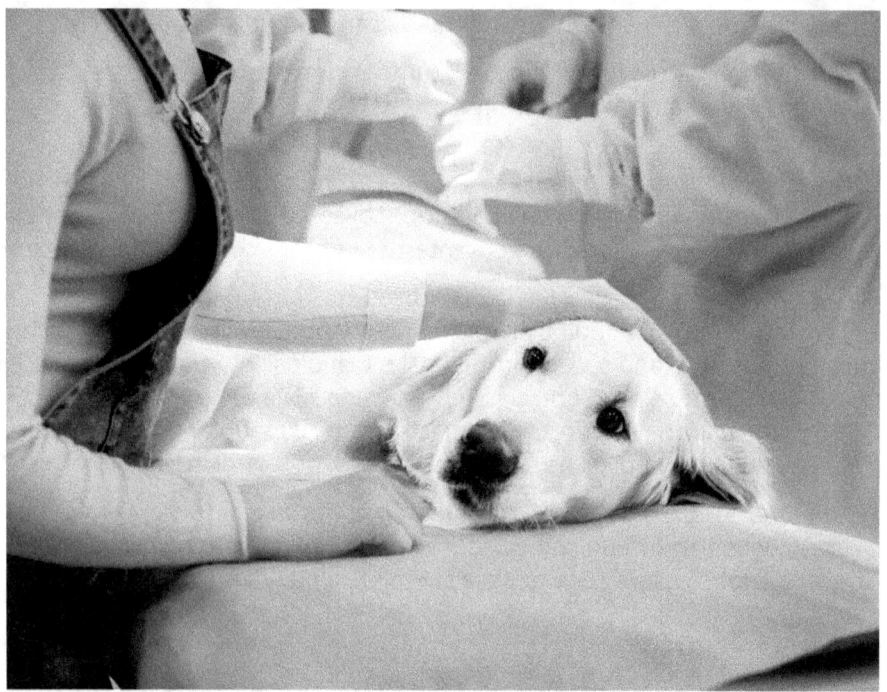

Epilessia

L'epilessia è una condizione che causa convulsioni, ma non tutte le convulsioni sono causate dall'epilessia. Altre cause di convulsioni, come anomalie cerebrali, encefalite ed encefalopatia epatica devono essere escluse, prima che possa essere fatta una diagnosi di epilessia.

Anche se le convulsioni possono essere traumatiche sia per te che per il tuo Labrador, sul commercio sono disponibili farmaci per ridurre la frequenza delle convulsioni e permettere al tuo Labrador di vivere una vita relativamente normale. Tuttavia, se la convulsione dura più di cinque minuti o le convulsioni arrivano in gruppi (diverse in un breve lasso di tempo), questa è un'indicazione che dovresti portare urgentemente il tuo Labrador dal veterinario per una rivalutazione.

Condizioni oculari

Le condizioni oculari si riferiscono a problemi di qualsiasi struttura dell'occhio.

Cataratta

La cataratta è una condizione in cui il cristallino dell'occhio diventa bianco e opaco, portando alla cecità. Il cristallino è la parte dell'occhio che cambia forma per poter dirigere la luce sul retro dell'occhio in modo appropriato: se non funziona, la visione diventa sfocata. Le cataratte si sviluppano  quando il cristallino inizia a diventare opaco. Alcuni cani le sviluppano in un solo occhio, altri le sviluppano bilateralmente.

Un veterinario diagnosticherà le cataratte guardando nell'occhio del tuo cane con un oftalmoscopio, un dispositivo che fa brillare la luce nell'occhio e la riflette su una lente d'ingrandimento. Se la luce brilla fino in fondo all'occhio, dove si trova la retina, allora il cristallino è normale, ma se la luce si riflette sul cristallino, allora il tuo cane ha sviluppato una cataratta.

La sclerosi nucleare, a occhio nudo, sembra molto simile a una cataratta. Questa è una normale condensazione delle fibre del cristallino che avviene con l'età; tuttavia non è opaca, quindi con l'oftalmoscopio un veterinario può guardare fino al fondo all'occhio.

La cataratta non ha alcun rimedio medico. Un oftalmologo veterinario può sostituire il cristallino in un ospedale di riferimento, ma questa è un'operazione non comune e richiede un'ampia competenza tecnica.

Atrofia progressiva della retina

Abbreviata in PRA, l'atrofia progressiva della retina è una malattia ereditaria recessiva. Può essere testata negli animali da riproduzione, cosa responsabile da fare per chiunque intenda allevare un Labrador.

La PRA causa una graduale perdita della vista che inizia con la cecità notturna. Questo è dovuto al fatto che il fondo dell'occhio, noto come retina, si deteriora gradualmente.

Non c'è trattamento per la PRA e porterà sempre alla cecità di entrambi gli occhi. Tuttavia, questa non è una condanna a morte, poiché i cani possono vivere felicemente senza vista, specialmente cani altamente intelligenti come il Labrador.

Condizioni urinarie

Le condizioni urinarie sono problemi che colpiscono i reni, la vescica o i condotti che li collegano, noti come ureteri e uretra.

Ureteri ectopici

L'uretere è il condotto che trasporta l'urina dai reni alla vescica, dove viene conservata fino a quando non ce n'è abbastanza perché il cane la espella. La parola ectopico significa esterno, e gli ureteri ectopici sono esattamente questo: gli ureteri terminano fuori dalla vescica, di solito nell'uretra, che è il condotto che trasporta l'urina dalla vescica all'esterno del corpo. Di conseguenza, i cani che hanno ureteri ectopici perderanno costantemente urina. Generalmente, la condizione è più comune nelle femmine e di solito è evidente prima del compimento del primo anno di età.

Non c'è nulla di medico che possa essere fatto per la condizione; la chirurgia è l'unica opzione per correggere l'anomalia anatomica. In attesa dell'intervento chirurgico, il pelo intorno all'area dove fuoriesce l'urina dovrebbe essere tenuto corto per evitare irritazioni da urina e l'area dovrebbe essere pulita regolarmente.

Condizioni respiratorie

Le condizioni respiratorie sono problemi che colpiscono l'apparato respiratorio del tuo Labrador, che include il naso, le narici, la gola (laringe e faringe), la trachea, i bronchi e i polmoni.

Paralisi laringea

La laringe è la cartilagine nella parte superiore della gola che controlla l'apertura verso i polmoni. Quando un cane soffre di paralisi laringea, uno o entrambi i lati della laringe non si aprono completamente durante l'inspi-

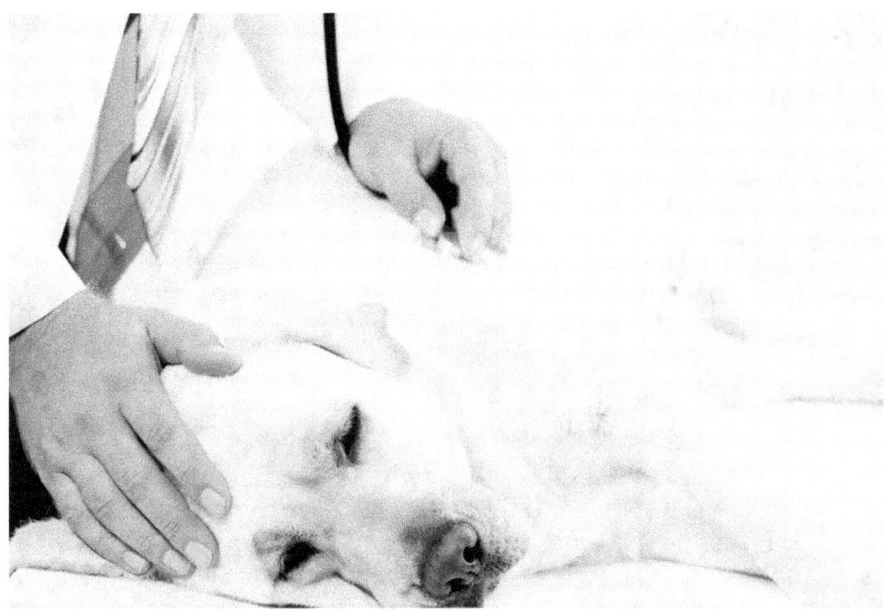

razione, restringendo le vie aeree. I sintomi includono tosse, cambiamenti nella voce, respirazione rumorosa e, nei casi gravi, può causare difficoltà respiratorie e collasso.

Il trattamento prevede l'alleviamento dei segni di restringimento delle vie aeree, che può essere ottenuto in alcuni casi con antinfiammatori. I casi gravi potrebbero richiedere una tracheotomia. La chirurgia può essere un'altra opzione per aprire di più le vie aeree e ha un buon tasso di successo.

***

I Labrador Retriever sono inclini a più condizioni di salute rispetto al cane di razza pura medio; tuttavia, questo non significa che tutti i Labrador svilupperanno una condizione sanitaria nella loro vita. In ogni caso, è importante capire a quali condizioni i Labrador sono inclini in modo da esserne consapevoli e individuare precocemente eventuali sintomi: in questo modo, il tuo Labrador avrà la migliore prognosi possibile per il futuro.

CAPITOLO 13
Al lavoro

"Sopra ogni cosa, il Labrador è versatile. I nostri cani sono diventati specializzati in ricerca e soccorso in valanghe, lavori di assistenza, caccia, ma anche nell'essere semplicemente cani da famiglia."

Kathy Jackson
Karemy Labs

Anche se il Labrador Retriever è molto felice come cane da famiglia, la razza ha una lunga storia nel mondo del lavoro. La natura innata del Labrador di voler compiacere, la sua addestrabilità e la sua intelligenza fanno sì che qualunque cosa si metta in testa, possa essere addestrato a farla. Anche se sembra che il tuo docile compagno preferisca sedersi accanto a te, dentro di lui si nascondono istinti che lo renderebbero un eccellente compagno anche nel mondo del lavoro. In ogni caso, che tu intenda o meno avere un Labrador da lavoro, questo capitolo ti aiuterà a capire quanto sia adattabile e capace il Labrador Retriever.

Foto di
Mike Valant

Foto di
Anne Lowry

Lavoro sul campo

I Labrador Retriever sono conosciuti come cani da caccia, poiché il loro ruolo originale quando la razza fu portata da Terranova al Regno Unito nel diciannovesimo secolo era quello di essere compagni di uomini o donne che desideravano cacciare selvaggina. Il sottogruppo dei retriever, nella categoria dei cani da caccia, include il Labrador Retriever, il Golden Retriever, il Flat-coated Retriever e il Chesapeake Bay Retriever. Sebbene tutti molto simili, i Labrador sono chiaramente in testa per popolarità: questo perché hanno un'eccellente capacità di trovare la selvaggina, sono estremamente addestrabili e hanno una bocca molto morbida, il che significa che la selvaggina non si danneggia quando la raccolgono. Oltre a questo, i Labrador sono resistenti, con un pelo impermeabile e abbastanza atletici da sopportare lunghe giornate sul campo.

Il ruolo principale di un Labrador quando è sul campo è quello di riportare la selvaggina abbattuta al suo padrone. Questo è un compito importante, poiché non solo è difficile per un cacciatore recuperare ciò che ha sparato senza disturbare l'area circostante e la futura selvaggina da cacciare, ma garantisce anche che qualsiasi animale ferito venga rapidamente recuperato e soppresso in modo umano.

Ci sono alcune lievi differenze nel modo in cui il lavoro sul campo viene condotto tra gli Stati Uniti e il Regno Unito. Negli Stati Uniti, ci si aspetta che

Foto di
Robert Cassidy
Cassidy Photography

i Labrador recuperino sia la selvaggina di terra che gli uccelli acquatici. Entrambi sono tipi di caccia popolari, con i Labrador regolarmente chiamati a nuotare per recuperare la selvaggina. Alcuni Labrador americani sono stati anche addestrati a fermarsi per puntare e aiutare i loro proprietari a trovare la selvaggina; tuttavia, questo compito è ora principalmente lasciato alle razze Setter e Pointer.

Nel Regno Unito, i cani da riporto sono conosciuti come "peg dogs" e aspettano di ricevere il segnale dai "guns" (coloro che sparano) per recuperare gli uccelli. I Labrador possono anche essere utilizzati da una squadra di "pickers up" che seguono i "beaters", i quali usano gli Spaniel per far alzare in volo gli uccelli. La maggior parte di questa caccia avviene nell'entroterra, dove solitamente si cacciano fagiani, pernici rosse, pernici grigie e beccacce.

La caccia agli uccelli acquatici è un tipo di caccia meno comune nel Regno Unito, a differenza degli Stati Uniti dove è molto popolare. Tuttavia, la Gran Bretagna ha una costa estesa e molte opportunità per cacciare oche e anatre lungo il litorale: i Labrador eccellono nel recupero di questi tipi di uccelli, e nuotare in acque fredde non è un deterrente per loro.

Se stai pensando che sarebbe bello provare a cacciare con il tuo Labrador, non è difficile iniziare ad addestrarlo per un ruolo di lavoro. L'obbedienza è fondamentale, e i comandi base di "seduto", "al piede" e "vieni" sono vitali. Quando si lavora sul campo, la maggior parte dei segnali viene data con la mano o un fischietto. Il modo migliore per imparare questi segnali è la pratica costante con i riportelli e l'osservazione di addestratori di cani da caccia più esperti. L'addestramento formale da cane da caccia non dovrebbe iniziare prima dei sei o sette mesi di età e può essere delegato a un addestratore professionale, se sei inesperto.

Se sei interessato a far lavorare il tuo Labrador sul campo, ma non sei un cacciatore, potrebbe valere la pena esplorare le prove di lavoro. Negli Stati Uniti, un "hunt test" è una valutazione non competitiva per cani da caccia che prevede una serie di riporti predeterminati che ogni cane deve tentare nelle stesse condizioni. Nel Regno Unito, invece, i "gun dog working tests" (GWT) sono competitivi e possono utilizzare diversi tipi di riporti per ciascun cane in gara, come uccelli morti e riportelli. Il giudice valuta la capacità del cane di trovare la selvaggina, le sue buone maniere e la bocca morbida. In Italia, le prove di lavoro si svolgono in maniera simile.

Il modo migliore per iniziare a lavorare e addestrare il tuo Labrador è cercare un'associazione nella tua località che organizzi prove e corsi per Retriever. In Italia, puoi contattare le associazioni venatorie locali, i gruppi cinofili specializzati in cani da riporto, o consultare l'ENCI per informazioni sui club riconosciuti nella tua regione. Partecipare a prove di lavoro e osservare cacciatori esperti con Labrador già addestrati ti aiuterà a stabilire contatti utili e ad apprendere le tecniche necessarie.

Cani di assistenza per disabili

La natura gentile e l'elevata intelligenza di un Labrador li rendono perfetti per essere addestrati come cani di assistenza per disabili.

I Labrador sono di gran lunga la razza più popolare di cani guida. Il loro lavoro permette ai proprietari di vivere una vita più indipendente e di essere più coinvolti nella loro comunità.

L'addestramento di un cane guida può costare decine di migliaia di euro ed è principalmente realizzato attraverso organizzazioni non-profit; quindi, iniziare il percorso di addestramento per questo importante ruolo non è un impegno da poco per un Labrador. La maggior parte dei cani guida proviene da programmi di allevamento specializzati, mirati a produrre cuccioli con tutte le caratteristiche richieste e un perfetto stato di salute. Dalle otto settimane di età, i cani iniziano un addestramento informale. Fino ai 12-18 mesi, vengono introdotti a una varietà di ambienti diversi e continuamente valutati per vedere se il loro carattere è adatto al lavoro di cane guida. Se superano questa fase, iniziano l'addestramento formale. Tuttavia, anche se l'addestramento formale è intenso, continuano a vivere in un ambiente domestico e hanno tempo per giocare, passeggiare e riposare come qualsiasi altro cane. Quando hanno due anni, vengono poi abbinati al loro nuovo proprietario, che avrà a sua volta seguito un percorso di formazione.

Anche se l'addestramento da cane guida è ciò a cui la maggior parte delle persone pensa quando si parla di addestrare un Labrador per una persona disabile, i Labrador possono anche essere eccellenti cani di assistenza per una varietà di condizioni. I Labrador possono raccogliere oggetti quotidiani che potrebbero essere difficili da raggiungere o raccogliere, come telefoni, portafogli e chiavi. Possono anche aiutare a vestirsi, raccogliere la posta, caricare la lavatrice, aprire le porte, premere il pulsante di un attraversamento pedonale, avvisare i loro proprietari di un rumore e, cosa vitale, fornire una meravigliosa fonte di compagnia. Pertanto, un Labrador di assistenza può aiutare il suo proprietario a sentirsi meno isolato e ad avere un maggiore senso di indipendenza.

I Labrador sono spesso utilizzati anche come cani di supporto per bambini con autismo o persone con difficoltà emotive. Sono anche in grado di supportare proprietari con condizioni mediche e indicare l'arrivo di imminenti crisi epilettiche, di un calo dei livelli di zucchero nel sangue per i diabe-

Foto di
Autumn Paige Steed

*Foto di
Lisa Higbee*

tici e di molte altre emergenze mediche. Sono anche comunemente utilizzati come cani da terapia in ospedali, case di riposo e residenze assistenziali per interazioni a breve termine.

Non c'è da meravigliarsi che i Labrador siano così popolari nel ruolo di cani di assistenza, poiché sono incredibilmente versatili nelle loro capacità.

Ricerca e soccorso

In seguito a disastri naturali, come terremoti, valanghe e tornado, i Labrador possono essere utilizzati come cani da ricerca e soccorso per aiutare a rilevare segni di vita sepolti sotto le macerie. Il loro eccellente olfatto, l'udito preciso, l'addestrabilità e i passi leggeri li aiutano a navigare attraverso i siti di disastri con più agilità e sicurezza di quanto potrebbero fare gli umani. In queste situazioni, il tempo è essenziale e può fare la differenza tra la vita e la morte, quindi il fatto che un Labrador possa fare il lavoro di una squadra di persone li rende gli eroi non celebrati degli sforzi di soccorso.

I Labrador possono anche essere utilizzati nella ricerca di persone scomparse, come persone scappate di casa, escursionisti persi o anziani o individui confusi che non sanno dove si trovano.

L'addestramento ufficiale per la ricerca e il soccorso inizia intorno ai 18 mesi di età e richiede tra sei mesi e due anni. Anche il conduttore segue questo addestramento, ed è importante che ci sia un vero legame tra il Labrador e il conduttore perché l'addestramento e il lavoro siano efficaci.

Cani in polizia e nelle forze armate

Nelle forze armate, i Labrador possono utilizzare il loro eccezionale senso dell'olfatto per rilevare pezzi di materiale esplosivo. Sono molto apprezzati per aver salvato molte vite sia di soldati che di civili da ordigni esplosivi improvvisati inesplosi e campi minati attivi.

I Labrador possono anche servire in altri ruoli di forze dell'ordine: polizia e ufficiali doganali impiegano regolarmente i Labrador per rilevare droghe e altri articoli illegali, come armi, esplosivi e persino persone introdotte nel Paese. I Labrador sono regolarmente visti con agenti di polizia negli aeroporti e nei terminal dei traghetti. Anche se non possiedono l'aggressività naturale dei cani poliziotto che svolgono compiti di protezione, come i Pastori Tedeschi, il loro eccellente olfatto è il motivo per cui molti Labrador sono impiegati come cani rilevatori specializzati.

Quando un cane rilevatore capta un odore bersaglio, mostra al suo conduttore un segnale che consiste solitamente nel grattare accanto alla fonte dell'odore o nel sedersi. Il conduttore di un cane rilevatore deve essere completamente in sintonia con il linguaggio del suo cane per cogliere tutti i suoi segnali.

Un cane rilevatore può rendere rapido e facile l'esame di grandi aree. Un normale ufficiale di controllo di frontiera sarà in grado di perquisire un veicolo in 20 minuti, mentre un cane rilevatore impiegherà solo cinque minuti. Questo assicura che il traffico possa continuare a fluire e che il passaggio alla frontiera non subisca lunghi ritardi.

***

Grazie alla loro buona indole e all'addestrabilità, i Labrador possono mettere la zampa in quasi qualsiasi lavoro canino. La maggior parte dei cani da lavoro è destinata ai propri ruoli; tuttavia, ciò non significa che un Labrador adottato o il tuo Labrador da compagnia non sia in grado di svolgere il lavoro. L'intelligenza della razza è seconda a nessuno, e questo è qualcosa che puoi sfruttare al meglio quando addestri il tuo Labrador a casa.

CAPITOLO 14
Riproduzione

Decidere sulla riproduzione

I Labrador sono una delle razze più popolari al mondo e, di conseguenza, anche una delle più frequentemente riprodotte. Se hai un Labrador, far riprodurre il tuo cane potrebbe essere allettante: dopotutto, non solo i cuccioli di Labrador sono adorabili, ma sono anche molto richiesti e quindi puoi facilmente trovare famiglie disposte ad adottarli.

Tuttavia, questi non sono motivi validi per far riprodurre il tuo Labrador. I Labrador sono soggetti a un enorme numero di malattie genetiche: ciò è dovuto a riproduzioni indiscriminate e scelte inadeguate dei partner riproduttivi, oltre alla mancanza di conoscenze sui problemi di salute geneticamente trasmessi. Il fatto che il tuo Labrador abbia un carattere meraviglioso non lo rende automaticamente un esemplare ideale per la riproduzione.

I cuccioli di Labrador possono raggiungere prezzi elevati; tuttavia, non dovresti affrettarti a pensare di poter guadagnare molto da una cucciolata. Dovresti investire in test genetici, valutazione di anche e gomiti e fornire un'alimentazione eccellente al tuo Labrador durante l'accoppiamento e la gravidanza. Questo può costare migliaia di euro e c'è sempre il rischio di un taglio cesareo d'emergenza se la tua cagna ha difficoltà durante il parto, operazione che costerebbe diverse migliaia di euro in più. Allevare cuccioli non è certamente un modo per fare soldi facili.

La riproduzione richiede conoscenze approfondite, tempo e denaro; quindi, se stai pensando di diventare un allevatore dedicato di Labrador Retriever, questo capitolo ti fornirà alcune conoscenze di base per iniziare. Può essere estremamente gratificante contribuire a migliorare la genetica della razza Labrador con una cucciolata sana e degna di nota, ma prima assicurati di far riprodurre il tuo cane per le giuste ragioni.

Accoppiamento

Se hai deciso di voler far accoppiare il tuo Labrador, che sia maschio o femmina, dovresti prima assicurarti che sia sano e di alta qualità genetica. Il tuo veterinario dovrebbe fare radiografie per la valutazione di anche e gomiti ed esami del sangue per i test genetici. I test possono coprire la miopatia centronucleare, il collasso indotto da sforzo, la paracheratosi nasale ereditaria, l'atrofia retinica progressiva e il nanismo scheletrico. Un test positivo non significa che il tuo Labrador un giorno si ammalerà, ma significa che c'è la possibilità che i cuccioli del tuo Labrador sviluppino una malattia. I risultati saranno classificati come esente, portatore (dove c'è un gene normale e un gene mutante, e quindi metà della prole potrebbe essere affetta), o affetto (dove ci sono due geni mutanti). Sarebbe anche preferibile che il tuo Labrador si sottoponga a un esame oftalmologico specialistico.

Se hai eseguito tutti i test richiesti e i risultati sono negativi, puoi cercare un partner per il tuo cane. Anche il partner dovrebbe aver superato tutti i test; inoltre, non dovrebbe avere una linea di sangue con eccessiva consanguineità, che può essere rilevata dalla ripetizione di nomi all'interno dell'albero genealogico.

Se hai una femmina di Labrador, può accoppiarsi solo quando è in calore. Questo stato è anche noto come "estro", con i due termini che vengono usati in modo intercambiabile. In media, l'estro avviene circa ogni sei mesi e dura approssimativamente una settimana. Nel resto del tempo, la tua cagna è riproduttivamente inattiva e non sarà in grado di concepire. I segni che il tuo Labrador è in calore includono gonfiore e arrossamento della vulva, una leggera perdita sanguinolenta e l'attrazione verso i cani maschi. Se devi viaggiare lontano per raggiungere il maschio riproduttore, nel momento in cui te ne accorgi potrebbe essere già troppo tardi nel ciclo della tua cagna per viaggiare fino al maschio. Questo problema può essere superato con degli esami del sangue, attraverso i quali il tuo veterinario può confermare in quale fase del ciclo si trova il tuo cane e prevedere i giorni migliori per l'accoppiamento, aumentando le possibilità di concepimento. Se è pronta, il maschio la monterà e poi si girerà nella direzione opposta. Questo è noto come "legame". Una volta legati, se i cani vengono separati con la forza, il maschio può subire danni considerevoli.

La tua cagna deve aver avuto il suo primo calore prima di essere accoppiata. Può essere accoppiata dal secondo calore fino ai cinque anni di età. Dopo questo periodo, non è consigliabile far riprodurre ulteriormente la tua cagna, poiché produrre una cucciolata richiede al corpo di sopportare un notevole sforzo che un cane più anziano potrebbe non essere in grado di gestire.

Gravidanza

Dopo l'accoppiamento, comprensibilmente sarai impaziente di sapere se la tua cagna è incinta. La gravidanza dura poco più di due mesi, circa 63

giorni, ma è difficile sapere da subito se il concepimento è avvenuto. È possibile eseguire un esame del sangue a 22 giorni, ma un'ecografia meno invasiva è preferibile e può essere fatta a partire da 42 giorni. È difficile sapere quanto sarà grande la cucciolata senza una radiografia per contare gli scheletri fetali; tuttavia, questa non dovrebbe essere eseguito di routine perché può danneggiare lo sviluppo fetale.

La gravidanza è stressante per il corpo, quindi dovresti fornire al tuo Labrador la dieta di migliore qualità per mantenerla in salute. Dovrebbe essere una dieta ad alto contenuto energetico e, verso l'ultima parte della gravidanza, può essere anche una dieta per cuccioli, che le fornirà più calcio per lo sviluppo delle ossa dei cuccioli, oltre a quello necessario per iniziare a produrre latte. La tua cagna può essere portata a passeggio quotidianamente, ma non in modo eccessivo. Venti minuti sono l'ideale, ma dovresti scoraggiare salti e corse incontrollate. Dovrebbe anche avere molto tempo per riposare.

Quando la tua cagna sarà nell'ultima settimana di gravidanza, le sue mammelle diventeranno gonfie, pronte a produrre latte e potrebbe iniziare a comportarsi in modo materno con i suoi giocattoli. È probabile che inizi a creare un nido per partorire. Non dovresti disturbare troppo il tuo Labrador quando sta facendo questo, poiché fa parte del suo processo di preparazione e le interruzioni potrebbero causare stress eccessivo al suo corpo e alle sue emozioni.

Parto

Il travaglio e il parto possono essere momenti preoccupanti per tutti; tuttavia, è meglio cercare di dare al tuo Labrador il maggior spazio e tranquillità possibile. La maggior parte delle madri ha un istinto naturale su cosa fare durante il parto e non avrà bisogno del tuo aiuto, ma è consigliabile tenere d'occhio la situazione a distanza per assicurarsi che tutto proceda senza problemi.

Il parto è imminente quando la temperatura del tuo Labrador scende sotto i 37,8 gradi Celsius. Una temperatura normale è tra 38,3 e 39,2 gradi. Verso la fine della gravidanza, la maggior parte degli allevatori misura la temperatura del proprio Labrador due volte al giorno per rilevare il calo di temperatura. È probabile che la tua cagna mostri segni di travaglio che includono camminare avanti e indietro, guaire e spingere. Non farti prendere dal panico se questo va avanti per un po'; possono passare fino a due ore tra la nascita di un cucciolo e l'altro.

Ogni cucciolo uscirà individualmente, di solito circondato ancora dal sacco amniotico. La madre aprirà il sacco dopo la nascita del cucciolo e leccherà via il liquido. Questo stimola il cucciolo a respirare, oltre a riscaldarlo e asciugarlo. A volte gli allevatori preferiscono intervenire in questa fase e prendere il cucciolo per strofinarlo vigorosamente con un asciugamano. Questo non è sempre necessario, ma se il tuo Labrador è alla prima esperienza come madre o non mostra buoni istinti, allora la tua azione potrebbe potenzialmente salvare molti dei cuccioli.

Se questi sintomi continuano per più di due ore senza che nasca un cucciolo, c'è una perdita verde o nera o il calo di temperatura si è verificato da più di 24 ore, dovresti portare la tua cagna dal veterinario. Potrebbe iniziare dandole un'iniezione di ossitocina per stimolare la contrazione dei muscoli uterini o portarla direttamente in chirurgia per un taglio cesareo. Prima porti il tuo Labrador dal veterinario in tali situazioni, maggiore è la possibilità che tutti i cuccioli sopravvivano.

La placenta sarà probabilmente mangiata dalla tua cagna, che ne trarrà una buona dose di nutrienti: questo è davvero importante, poiché il parto è un processo stancante e il suo corpo sarà ora sottoposto a molto sforzo per produrre latte.

Cure post-parto

Dopo che tutti i cuccioli sono stati partoriti, dovresti controllarli delicatamente uno per uno per individuare eventuali anomalie. Apri le loro bocche e assicurati che non ci sia né palatoschisi, né un eccesso di muco. Controlla anche che respirino correttamente e che non abbiano difetti di nascita importanti, come un'ernia ombelicale di grandi dimensioni. Se alcuni sono ancora leggermente umidi, puoi asciugarli ulteriormente con un asciugamano.

La madre può quindi ricevere un bagno con spugna tiepida, poi lei e la cucciolata dovrebbero poter riposare in un luogo caldo e privo di correnti d'aria. Dovrebbe essere comodo, ma la biancheria da letto morbida dovrebbe essere evitata poiché i cuccioli potrebbero soffocare.

Una leggera perdita dalla vulva è normale dopo il parto e potrebbe continuare per circa una settimana. Dovrebbe essere rosa, rossa o marrone, ma se è abbondante, nera, verde o maleodorante, devi portare la tua cagna dal veterinario: potrebbe essere segno che c'è ancora placenta all'interno dell'addome o addirittura un feto morto.

Una volta che il tuo Labrador si è stabilizzato nel suo ruolo di madre e i cuccioli sono allattati correttamente, dovresti portarli dal tuo veterinario locale per un controllo. Un buon momento per questo è quando hanno circa una settimana di vita, a meno che non noti anomalie nella tua cagna o nei cuccioli.

Allevare i cuccioli

Allevare i cuccioli è la parte divertente, soprattutto quando aprono gli occhi e iniziano a correre in giro. Hai una grande responsabilità nel trovare loro potenziali case e non dovresti esitare a dire no a una casa che non ritieni adatta. Devi valutare i nuovi proprietari tanto quanto loro devono venire a valutare i cuccioli.

Puoi iniziare a cercare nuove case quando i cuccioli hanno qualche settimana. Puoi pubblicizzarli attraverso l'ENCI, associazioni di razza riconosciute, o siti web specializzati per garantire che i potenziali proprietari siano dedicati all'acquisto di un cucciolo da un allevatore rispettabile, piuttosto che dal più economico che trovano.

I cuccioli non dovrebbero essere ceduti fino a quando non hanno almeno otto settimane. Se un acquirente desidera riservarne uno in particolare, puoi mettergli un collare colorato per distinguerlo dagli altri.

Quando i cuccioli hanno circa quattro settimane, potrebbero iniziare a mostrare interesse per il cibo della madre: anche se il latte costituisce ancora una gran parte della loro dieta, è opportuno iniziare a far esplorare loro il cibo per cani. Il modo migliore è offrendo loro cibo per cuccioli, che può essere umido o crocchette ammorbidite. Tra le quattro e le otto settimane, diminuiranno gradualmente l'assunzione di latte e passeranno esclusivamente al cibo per cani.

Tutti gli allevatori di cani responsabili si assicureranno che i loro cuccioli siano sverminati, dotati di microchip e abbiano ricevuto il loro primo vaccino prima di andare nelle nuove case. I cuccioli devono essere trattati per i vermi tondi a 2, 4, 6, 8 e 12 settimane di età, poiché sono particolarmente suscettibili a contrarre vermi in questa fase della loro vita. Avranno bisogno di un trattamento antipulci solo se hanno le pulci, e se devono essere trattati, questo deve essere fatto con un prodotto adatto ai cuccioli, poiché molti prodotti antipulci non possono essere utilizzati su animali molto giovani o sotto un certo peso.

***

Può essere davvero gratificante sapere che stai contribuendo a produrre Labrador di alto standard genetico per cercare di migliorare il patrimonio genetico della razza. Tuttavia, non dovresti presumere che far riprodurre il tuo cane e gestire i cuccioli sarà facile, poiché richiederà tempo, pazienza, investimento finanziario e una grande quantità di conoscenze per farlo correttamente. Inoltre, una volta che allevi più di un certo numero di cucciolate in un anno nella stessa struttura (di solito trenta cuccioli), sei classificato come allevatore commerciale e dovrai essere autorizzato e ispezionato. Quindi, se non hai intenzione di diventare un allevatore professionista, è meglio lasciare questo compito agli allevamenti già affermati.

CAPITOLO 15
Esposizioni

Scegliere un cane per le esposizioni

Il Labrador è un cane dall'aspetto stupendo, e molti proprietari orgogliosi sono desiderosi di mettere in mostra la bellezza del proprio cane partecipando alle esposizioni canine. Naturalmente, il Labrador è anche un cane da lavoro che brilla tanto nelle prove di lavoro quanto nelle classi di conformazione. Quindi, il tuo Labrador ha un grande potenziale per portare a casa trofei e questo ti interessa, la tua prima considerazione dovrebbe essere la scelta del cane giusto.

Ci sono molte esposizioni canine locali e divertenti dove tutto è permesso. Il tuo cane non avrà bisogno di un certificato di pedigree o di conformarsi rigidamente allo standard di razza. Può essere sterilizzato, non sterilizzato, con coda tagliata o integra; così come presentare qualsiasi tonalità nello spettro dei colori del Labrador, con marcature o pigmentazione atipiche, e avrà comunque la possibilità di vincere un nastro, purché il giudice veda in lui la bellezza e il carattere che tu ami. Le esposizioni locali sono ideali se hai un Labrador adottato con tanta personalità, ma senza documenti di pedigree. Se non aspiri a niente di più delle esposizioni locali, allora la scelta del tuo Labrador può essere semplicemente guidata dal tuo cuore. Tuttavia, se desideri partecipare alle esposizioni patrocinate dall'ENCI, dovrai seguire le regole fin dal giorno in cui scegli un allevatore.

Per le esposizioni di livello superiore avrai bisogno di un cane registrato al libro genealogico, nato da genitori anch'essi registrati. Se cerchi un cane da presentare nelle classi da lavoro, dovrai rivolgerti ad allevamenti che producono cani sportivi. Se il tuo interesse è per il ring espositivo, dovrai cercare allevamenti in cui i riproduttori possono vantare campioni di bellezza. Questo darà al tuo cucciolo le migliori possibilità di ereditare la genetica che i giudici stanno cercando.

Prima di andare a vedere una cucciolata, dovresti familiarizzare a fondo con lo standard di razza del libro genealogico per il Labrador Retriever nel tuo Paese. Devi sapere che lo standard di razza viene aggiornato di tanto in tanto e può variare da Paese a Paese.

Foto di
Gabrielle Naples

Affinché il tuo Labrador possa vincere nelle classi di conformazione ENCI, deve conformarsi il più possibile al modello della razza stabilito nello standard. Lo standard di razza descrive il Labrador perfetto, il modello a cui tutti gli allevatori di Labrador dovrebbero aspirare e mira a promuovere la salute della razza, anche se alcuni dei suoi standard sono più estetici. Dovresti essere consapevole, tuttavia, che scegliendo un cucciolo il cui aspetto non potrà mai corrispondere allo standard di razza a causa della sua taglia, colore o pigmentazione, sarai limitato alle esposizioni locali per divertimento e non potrai competere nelle esposizioni ENCI ufficiali. Soprattutto, dovresti conoscere le cause di squalifica per l'esposizione di un Labrador Retriever secondo lo standard FCI: comportamento aggressivo o eccessivamente timido, anomalie fisiche o comportamentali evidenti, e qualsiasi colore del mantello diverso da nero, giallo o cioccolato. È importante notare che lo scopo fondamentale delle esposizioni di conformazione è la valutazione dei riproduttori. Pertanto, secondo le regole ENCI, il tuo cane non può essere sterilizzato per competere nelle classi di conformazione principali. I Labrador Retriever non dovrebbero mai avere la coda tagliata, poiché il loro più grande attributo è la "coda di lontra", che è molto apprezzata nel ring.

Quando visioni la cucciolata, che potrebbe essere già a cinque settimane, sarà molto difficile individuare il potenziale espositivo a meno che tu non abbia una notevole esperienza. Dovrai quindi fare affidamento sulla taglia, l'aspetto e il temperamento di entrambi i genitori, oltre a qualsiasi successo espositivo che possano aver ottenuto. L'allevatore è il miglior giudice di come si svilupperanno i cuccioli e potrà guidare la tua scelta. Dovresti essere consapevole, però, che potrebbe aver messo da parte per sé i campioni più promettenti. È prerogativa dell'allevatore, nell'interesse delle future generazioni di Labrador nati nel suo allevamento. Questo non significa che ogni cucciolo della cucciolata non abbia potenziale espositivo: con una buona genetica, potrebbero essere tutti futuri campioni.

Standard di razza

Ogni Paese ha la propria idea degli attributi fisici perfetti del Labrador Retriever, quindi assicurati di controllare lo standard di razza del Paese in cui desideri esporre il tuo cane.

La distinzione principale nell'opinione pubblica è tra i tipi di Labrador americano e inglese, con il Labrador americano più alto, più snello, più fine e più atletico, con zampe più lunghe, testa più stretta, collo più lungo e

muso più lungo, e un mantello e una coda più sottili rispetto al Labrador inglese. Tuttavia, il Labrador americano rappresenta il cane da lavoro, mentre il Labrador inglese è considerato un cane da esposizione.

In Italia, l'ENCI segue lo Standard FCI n. 122, che è riconosciuto in tutta Europa e in molti paesi del mondo. Puoi facilmente reperire lo standard di razza completo sul sito web dell'ENCI (www.enci.it) dove puoi essere sicuro che sia la versione più aggiornata.

Foto di
Anne Lowry

Standard Ufficiale FCI n. 122 per il Labrador Retriever

Data di pubblicazione dello standard ufficiale valido: 16.06.2022

Origine: Gran Bretagna

Utilizzazione: Retriever

Classificazione FCI: Gruppo 8 Retriever, Cani da cerca, Cani da acqua

Aspetto Generale

Di costruzione robusta, compatto, molto attivo; (il che esclude peso corporeo o sostanza eccessivi) cranio largo; torace largo e profondo; lombi e posteriore larghi e forti.

Comportamento e Temperamento

Di buon temperamento, molto agile. Olfatto eccellente, bocca morbida; grande amante dell'acqua. Adattabile, compagno devoto.

Intelligente, entusiasta e docile, con forte volontà di compiacere. Indole buona, senza traccia di aggressività o eccessiva timidezza.

Anatomia Dettagliata

Testa

Regione Craniale:

- **Cranio:** Largo. Ben definito senza guance carnose.

- **Stop:** Definito.

Regione Facciale:

- **Tartufo:** Largo, narici ben sviluppate.

- **Muso:** Potente, non appuntito.

- **Mascelle/Denti:** Mascelle di lunghezza media, mascelle e denti forti con morso a forbice perfetto, regolare e completo, cioè i denti superiori che si sovrappongono strettamente ai denti inferiori e sono posizionati perpendicolarmente alle mascelle.

Occhi: Di media grandezza, che esprimono intelligenza e buon temperamento; castani o nocciola.

Orecchie: Non grandi o pesanti, pendenti vicino alla testa e attaccate piuttosto indietro.

Collo

Pulito, forte, potente, inserito in spalle ben posizionate.

Corpo

- **Linea superiore:** Orizzontale.

- **Lombi:** Larghi, compatti e forti.

- **Torace:** Di buona larghezza e profondità, con costole ben arcuate – questo effetto non deve essere prodotto dal portare peso eccessivo.

Coda

Caratteristica distintiva, molto spessa verso la base, che si assottiglia gradualmente verso la punta, di lunghezza media, priva di frange, ma rivestita densamente tutt'intorno da pelo corto, spesso e denso, dando così l'aspetto "arrotondato" descritto come coda "a lontra". Può essere portata allegramente, ma non deve arricciarsi sopra il dorso.

Arti

Anteriori

Aspetto generale: Arti anteriori diritti dal gomito al terreno quando visti sia dal davanti che dal lato. Arti posizionati bene sotto il corpo.

- **Scapola:** Lunga e ben inclinata.

- **Omero (braccio superiore):** Quasi uguale in lunghezza alla scapola.

- **Avambraccio:** Ben osseo e diritto.
- **Piedi anteriori:** Rotondi, compatti; dita ben arcuate e cuscinetti ben sviluppati.

Posteriori

Aspetto generale: Posteriori ben sviluppati, non inclinati verso la coda.

- **Ginocchio:** Ben angolato.
- **Metatarso (pastrone posteriore):** Garretti ben discesi. Garretti vaccini altamente indesiderabili.
- **Piedi posteriori:** Rotondi, compatti; dita ben arcuate e cuscinetti ben sviluppati.

Andatura/Movimento

Libero, che copre terreno adeguato; dritto e corretto davanti e dietro.

Mantello

Pelo

Caratteristica distintiva, corto, denso, senza ondulazioni o frange, che dà una sensazione abbastanza dura al tatto; sottopelo resistente alle intemperie.

Colore

Completamente nero, giallo o fegato/cioccolato. I gialli variano dal crema chiaro al rosso volpe, i fegato/cioccolato variano dal chiaro allo scuro. Piccola macchia bianca sul petto e sul retro dei metacarpi permissibile.

Taglia

Altezza ideale al garrese:

- **Maschi:** 56 – 57 cm
- **Femmine:** 54 – 56 cm

Difetti

Qualsiasi deviazione dai punti sopra elencati dovrebbe essere considerata un difetto e la serietà con cui il difetto dovrebbe essere considerato dovrebbe essere in proporzione esatta al suo grado e al suo effetto sulla salute e il benessere del cane e sulla sua capacità di svolgere il suo lavoro tradizionale.

Difetti Squalificanti

Foto di
Kristin Daniello

- Aggressivo o eccessivamente timido.

- Qualsiasi cane che mostri chiaramente anomalie fisiche o comportamentali.

- Qualsiasi altro colore del mantello o combinazione di colori.

N.B.:

- Gli animali maschi dovrebbero avere due testicoli apparentemente normali completamente discesi nello scroto.

- Solo i cani funzionalmente e clinicamente sani, con conformazione tipica della razza dovrebbero essere utilizzati per la riproduzione.

Dopo aver scelto il tuo cucciolo

Quando ritiri il tuo cucciolo, l'allevatore ti consegnerà il documento di registrazione del libro genealogico; quindi, dovresti cambiare il prima possibile la proprietà registrata a tuo nome, cosa che puoi fare online. Se non hai mai posseduto un cane di razza prima, questo è anche un buon momento per familiarizzare completamente con il sito web del libro genealogico, poiché sarà la tua risorsa di riferimento mentre ti addentri nel mondo delle esposizioni.

Non potrai esporre il tuo cane fino a quando non avrà sei mesi di età, ma avrai molto lavoro da fare nei prossimi mesi per iniziare a preparare il tuo cane per le esposizioni. Il primo compito è la socializzazione, poiché il tuo cane si troverà in un ambiente affollato, pieno di persone e cani, per cui deve essere completamente a suo agio con entrambi, oltre a tollerare di essere maneggiato da estranei.

Oltre a socializzare il tuo cane attraverso corsi per cuccioli e al parco quando avrà completato le vaccinazioni, puoi anche portarlo a visitare esposizioni canine nelle vicinanze. Questo lo abituerà al trambusto, in modo che l'ambiente gli sia completamente familiare fin dalla più tenera età. Avrai anche l'opportunità di osservare tutta l'etichetta delle esposizioni e raccogliere consigli. Potresti avere la possibilità di chiacchierare con conduttori esperti e osservare come mettono in posa il loro cane per la valutazione da parte dei giudici. Puoi anche imparare a riconoscere l'andatura di cui un campione ha bisogno quando si muove nel ring. Qualsiasi contatto tu riesca a stabilire nel mondo delle esposizioni, specialmente con altri proprietari di Labrador, sarà prezioso mentre progredisci con il tuo cane.

Prepararsi per un'esposizione

Quando prendi il tuo cucciolo di Labrador, oltre a registrarlo presso il libro genealogico del tuo Paese, è anche una buona idea iscriversi anche a un club dedicato alla razza con sede nel tuo Paese. Queste due organizzazioni saranno le tue guide attraverso il mondo delle esposizioni di alto livello.

Se desideri esporre il tuo cane solo per divertimento, le esposizioni locali sono un'ottima esperienza dove potrai mostrare il tuo Labrador Retriever, incontrare altri proprietari e i loro cani e concordare o dissentire con la decisione del giudice, ma sempre con grazia! Anche se vuoi competere nelle esposizioni del libro genealogico, le esposizioni locali per divertimento sono un ottimo punto di partenza, poiché tu e il tuo cane potete abituarvi all'intera procedura in un ambiente a bassa pressione.

Devi pianificare in anticipo le esposizioni a cui desideri partecipare: puoi trovare gli elenchi delle esposizioni sul sito web dell'ENCI o del club cinofilo da te scelto, ma anche sui giornali locali o sul web. Assicurati di inviare la tua domanda e la quota d'iscrizione in tempo utile, poi potrai iniziare a pianificare per il grande giorno.

Se dovrai percorrere una certa distanza per l'esposizione, dovresti anche considerare di prenotare un alloggio in modo che il tuo cane possa avere il tempo di ambientarsi prima dell'evento, specialmente se soffre di mal d'auto.

Il Labrador Retriever richiede pochissima toelettatura e i giudici cercano un aspetto naturale. Questo significa che il tuo cane non dovrebbe mai essere tosato; tuttavia, le sue unghie dovrebbero essere mantenute corte attraverso una regolare limatura che garantisca che la parte viva non cresca troppo. Il mantello corto del Labrador Retriever non può nascondere alcun difetto, ma nel suo stato naturale e lucido mostrerà le qualità fisiche del tuo cane alla perfezione. Dovresti assicurarti attraverso una toelettatura regolare che il tuo cane non abbia forfora o pelle che si squama; se desideri fare il bagno al tuo cane, questo dovrebbe essere fatto alcuni giorni prima dell'esposizione per consentire agli oli naturali di distribuirsi nuovamente sul mantello.

Dovresti rendere la pulizia dei denti del tuo cane parte della sua routine regolare fin dalla tenera età, per assicurarti che non ci sia accumulo di tartaro o peggio, come denti mancanti o cariati, poiché questi costituirebbero un difetto nel ring. Dovresti anche tenere pulite le sue orecchie.

Se hai partecipato alle esposizioni come osservatore, avrai visto come posizionare il tuo cane per il giudice e avrai anche osservato il tipo di andatura fluida che fa guadagnare i premi sul ring. Se non hai avuto la possibilità di partecipare a un'esposizione, online ci sono molti video che ti aiuteranno a sapere a cosa mirare, anche se non possono sostituire la partecipazione effettiva alle esposizioni con il tuo cane per abituarlo all'atmosfera affollata.

Se sarai tu a condurre il tuo cane nel ring, pensa all'abbigliamento che indosserai. Questo dovrebbe essere elegante, comodo e con scarpe pratiche, in modo da poterti muovere senza sforzo come il tuo cane. Il giudice deve vedere chiaramente il profilo del tuo cane contro di te; quindi, se il tuo Labrador è nero o cioccolato, potresti considerare di indossare un colore neutro più chiaro. Se hai un Labrador giallo, indossare abiti scuri e semplici lo mostrerà al meglio.

Non dovresti aspettarti troppo dalla tua prima esposizione, poiché sia tu che il tuo cane vi starete ancora abituando. I Labrador sono energici per natura: il tuo cane potrebbe trovare l'atmosfera iperstimolante, risentirsi di dover stare fermo per essere giudicato o di doversi muovere con grazia al tuo fianco. Non dovresti sentirti deluso se non porti a casa i nastri subito, o peggio, sentirti come se il tuo cane avesse deluso te e se stesso! Non dovresti mai mettere in discussione la decisione del giudice. Mentre il tuo cane viene misurato rispetto allo standard di razza, un certo grado di preferenza personale nell'assegnazione dei premi è inevitabile. Quindi, se non è la giornata del tuo cane, ce ne sarà sempre un'altra, e ogni evento sarà un passo avanti per mostrare il tuo cane al meglio!

CAPITOLO 16
Vivere con un cane anziano

L'invecchiamento è una parte inevitabile della vita di un cane, per cui è saggio prepararsi in anticipo. Un cane anziano ha bisogno di uno stile di vita diverso rispetto a un cane giovane o adulto, cosa particolarmente vera per i Labrador, che sono predisposti a sviluppare disturbi di salute in età avanzata, come l'artrite, già discussi nel Capitolo 12.

Anche se l'aspettativa di vita per un Labrador è di 10-14 anni, dovresti iniziare a considerare il tuo Labrador anziano intorno ai sette o otto anni. Modifiche sottili al suo stile di vita in questa fase lo prepareranno per una fase anziana lunga, felice e priva di dolore, assicurandoti di poter godere della vostra reciproca compagnia più a lungo. In questo capitolo esamineremo i cambiamenti che gioveranno al tuo Labrador se implementati precocemente, come affrontare i disturbi dell'età avanzata e cosa succede quando arriva il momento di dirsi addio.

Foto di
Nicole Justice

Foto di
Tom Frey

Dieta

Per un Labrador, l'alimentazione è un argomento fondamentale che non dovrebbe essere trascurato. Quando arrivano gli anni della vecchiaia, la maggior parte dei Labrador inizia a prendere peso: questo mette una notevole pressione su cuore, fegato, reni e sulle articolazioni già deteriorate del tuo cane. Purtroppo, un Labrador in sovrappeso è una vista comune, quindi molte persone oggi non si rendono conto che il loro Labrador si sta portando dietro qualche chilo di troppo. Il modo migliore per valutarlo è rivedere la tabella della condizione corporea nel Capitolo 8 e puntare a far ottenere al tuo Labrador un punteggio di 4 o 5.

Anche passare a una dieta per cani anziani aiuterà con il peso del tuo Labrador. Le diete per cani anziani sono piuttosto diverse da quelle destinate ai cani più giovani poiché contengono meno calorie e più fibre, aiutando il tuo Labrador a sentirsi sazio pur mantenendo il peso sotto controllo. Lo scopo è adattare il fabbisogno calorico del tuo cane al suo livello di attività dato che, in generale, i cani più anziani tendono a fare meno esercizio.

Le diete per cani anziani sono anche più ricche di oli omega, acidi grassi che migliorano la salute del cervello, del cuore, della pelle e degli occhi, oltre a migliorare la lubrificazione delle articolazioni. In un corpo che invecchia, gli oli omega possono fare una grande differenza.

A volte, le diete per cani anziani contengono anche integratori come glucosamina e condroitina. Questi aiutano a mantenere in salute la cartilagine delle articolazioni più vecchie e artritiche; ne parleremo più avanti in questo capitolo.

Non è necessario cambiare l'alimentazione del tuo Labrador con un cibo per cani anziani non appena compie sette anni; tuttavia, prima che

171

compia otto anni, vale la pena farlo passare gradualmente a questo tipo di alimentazione. È meglio effettuare il cambio nel corso di diverse settimane.

Controlli di routine per cani anziani

Il tuo veterinario è molto prezioso negli anni di vecchiaia del tuo Labrador, e non dovresti chiamarlo solo quando c'è un problema. Come evidenziato nel Capitolo 11, l'assistenza sanitaria preventiva è molto importante, poiché prevenire è sempre meglio che curare. È qui che entrano in gioco i controlli di benessere per cani anziani, che dovrebbero diventare una parte di routine dell'assistenza sanitaria del tuo cane dagli otto anni in su.

Un controllo di benessere viene effettuato una o due volte all'anno per assicurarsi che il tuo cane anziano non presenti segni precoci di condizioni degenerative. Inizierà con il veterinario che sottopone il tuo Labrador a un esame clinico. Controllerà i denti del tuo cane per il tartaro e potenzialmente consiglierà una procedura dentale come discusso nel Capitolo 9 se sono sporchi. Controllerà anche gli occhi, le orecchie, il mantello, il cuore, i polmoni e l'addome del tuo Labrador. Infine, poiché i Labrador sono inclini a sviluppare artrite in età avanzata, il tuo veterinario manipolerà attentamente le articolazioni del cane per sentire il crepitio, che è una sensazione di scricchiolio e indicativa dello sviluppo dell'artrite.

Dopo un esame clinico completo, il tuo veterinario potrebbe prelevare un campione di sangue per controllare gli organi vitali del tuo Labrador, come reni e fegato, e richiedere anche un campione di urina, che lo aiuterà nell'interpretazione dei risultati. Un esame del sangue può anche individuare i primi segni di alcuni tumori, così come le condizioni endocrine e i cambiamenti nelle cellule del sangue.

Se i risultati indicano che il cuore o i reni del tuo cane sono compromessi, è probabile che il tuo veterinario esegua anche un esame della pressione sanguigna e possibilmente un esame ecografico. Tuttavia, questi non costituiscono il fulcro di un controllo sanitario per cani anziani.

Infine, se il tuo cane assume farmaci per problemi cronici, questi verranno rivisti e la dose verrà aggiustata se necessario.

Portando il tuo Labrador a un controllo sanitario una o due volte all'anno, puoi stare tranquillo che non ci sia nulla di sottostante che non sia stato rilevato e che potrebbe causare problemi di salute al tuo Labrador. I Labrador sono cani resistenti e sempre desiderosi di compiacere, motivo per cui spesso nasconderanno segni di malattia o disagio nelle prime fasi.

Artrite avanzata

Come discusso brevemente nel Capitolo 12, l'artrite di solito deriva da una condizione articolare sottostante come traumi, displasia articolare o osteocondrosi, ma può anche essere innescata da forze anomale esercitate su un'articolazione normale, come il trasporto di peso extra o l'esercizio ripetitivo e faticoso.

L'artrite è una malattia degenerativa dell'intera articolazione. È un malinteso comune che sia una malattia della cartilagine articolare: in realtà, la capsula articolare, l'osso subcondrale sotto la cartilagine, il liquido articolare e la cartilagine articolare sono tutti colpiti in modi diversi. Man mano che l'articolazione degenera, la cartilagine diventa più sottile, l'osso subcondrale non riesce a tollerare tante sollecitazioni, il liquido articolare diventa più sottile e di volume ridotto e la capsula articolare si infiamma: tutto ciò porta a un'articolazione dolorosa e non funzionale.

Il modo migliore per gestire l'artrite è con un approccio multimodale. Ciò significa che fare solo una cosa non aiuterà. Se il tuo Labrador non ha condizioni di salute sottostanti, il tuo veterinario può prescrivere antinfiammatori per aiutare le articolazioni. Oltre a questo, se il tuo Labrador ha qualche chilo extra, questo dovrebbe essere immediatamente affrontato met-

*Foto di
Hanna Koskinen*

tendolo a dieta. Gli integratori articolari possono anche aiutare a migliorare l'articolazione, tra cui oli omega (per migliorare la viscosità e il volume del liquido articolare, oltre a fornire effetti antinfiammatori naturali) e glucosamina o condroitina (per migliorare la composizione della cartilagine e del liquido articolare).

Potresti anche considerare terapie complementari per aiutare il tuo cane a rimanere attivo. I fisioterapisti veterinari possono darti esercizi da fare a casa per mantenere il tuo cane elastico e flessibile, oltre a offrire l'idroterapia, che è un ottimo modo per mantenere il tuo Labrador in forma senza mettere ulteriore pressione sulle articolazioni. I veterinari con formazione specialistica possono anche eseguire l'agopuntura, che è un'eccellente modalità di sollievo dal dolore senza la necessità di farmaci. Infine, l'olio di CBD sta diventando popolare per controllare il dolore, tuttavia devi fare attenzione ad acquistare un olio di alta qualità per assicurarti che non contenga sostanze psicogene.

Demenza

I cani anziani possono sviluppare una condizione chiamata "disfunzione cognitiva canina", simile alla demenza negli esseri umani. In breve, è conosciuta come CCD. Questa è una condizione che non può essere prevenuta né può essere curata; tuttavia, ci sono alcune opzioni per aiutare a migliorare la qualità della vita del tuo Labrador se la sviluppa.

La CCD causa un offuscamento del cervello. Potresti notare che il tuo vecchio Labrador dorme più del solito, sembra confuso o disorientato ed è regredito nell'addestramento alla pulizia. La buona notizia è che esiste un farmaco per migliorare il flusso sanguigno al cervello che aiuta a portare più ossigeno alle cellule cerebrali. Questo permette loro di funzionare meglio e spesso dà ai cani anziani che soffrono di CCD una seconda possibilità di vita.

Deterioramento degli organi

Durante la vita di qualsiasi cane, i reni e il fegato sono due organi fondamentali che lavorano per filtrare ed eliminare i prodotti di scarto dal corpo. Di conseguenza, possono iniziare a deteriorarsi negli anni d'oro del tuo cane. Questo è particolarmente evidente nei Labrador, poiché i farmaci antidolorifici mettono un ulteriore carico sul fegato e sui reni e, poiché molti Labrador hanno displasia articolare o artrite, i farmaci cronici sono comuni.

I sintomi possono includere perdita di appetito, vomito, aumento della sete e della minzione. Inoltre, le malattie del fegato possono causare ittero, che si presenta come gengive gialle, mentre le malattie renali possono causare anemia, che si presenta come gengive pallide. Il tuo veterinario valuterà la salute degli organi interni del tuo Labrador attraverso un esame del sangue e, se è preoccupato, potrebbe eseguire un esame ecografico.

Esistono eccellenti diete disponibili per la gestione delle malattie renali e del fegato nei cani anziani, che rappresentano il principale metodo di trattamento. Una dieta adeguata riduce la pressione su questi organi perché lavorino duramente per filtrare i prodotti di scarto. Oltre a ciò, il tuo veterinario sarà in grado di dispensare anche farmaci per aiutare a migliorare l'efficienza di questi organi.

Un altro organo che può mostrare cambiamenti degenerativi è il cuore. Il cuore è un organo vitale nel corpo: pompa il sangue per garantire che tutte le cellule ricevano ossigeno e nutrienti per poter funzionare. A volte, nei cani anziani, le valvole all'interno del cuore possono diventare permeabili. Questo può portare a un certo reflusso e congestione. I sintomi includono apatia, svenimenti, tosse e affanno. Iniziare presto la terapia cardiaca ridurrà la pressione sul cuore e aumenterà significativamente la durata della vita e la prognosi del tuo cane.

Dopo il cuore, ci sono i polmoni. Di solito, il tessuto polmonare è abbastanza elastico, il che gli permette di espandersi e contrarsi mentre l'aria viene inspirata ed espirata. I polmoni di un cane anziano diventano più fibrosi con l'età, il che significa che non si espandono altrettanto bene. Questa è solitamente solo una condizione incidentale che i cani anziani possono sviluppare senza conseguenze, ma può anche portare a un'incapacità di combattere le infezioni. Pertanto, i cani anziani sono più propensi a sviluppare infezioni polmonari se esposti, rispetto ai cani più giovani.

La maggior parte dei cani anziani svilupperà un certo grado di degenerazione degli organi negli anni d'oro, ma con i controlli sanitari per cani anziani, questi problemi potranno essere rilevati rapidamente.

Perdita dei sensi

Oltre agli organi che gradualmente si deteriorano, anche i sensi di un cane possono essere influenzati dalla vecchiaia. La perdita dei sensi non influenzerà il tuo cane dal punto di vista medico né accorcerà la sua durata di vita, tuttavia, potrebbe influire in una certa misura sulla sua qualità di vita.

I sensi più comuni a deteriorarsi sono l'udito e la vista. Fortunatamente, è molto raro che un cane perda il senso dell'olfatto, il che è positivo poiché è probabile che al tuo Labrador piaccia trascorrere le passeggiate con il naso a terra, captando ogni tipo di odore.

Sorprendentemente, i cani se la cavano estremamente bene senza la vista. Se accade all'improvviso, può volerci un po' di tempo perché il tuo cane si adatti; tuttavia, se è graduale, molti proprietari non si rendono nemmeno conto che i loro cani hanno perso, o parzialmente perso, la vista. I motivi più comuni per cui i cani perdono la vista sono le cataratte e l'atrofia retinica, entrambe discusse nel Capitolo 12. La maggior parte dei cani anziani svilupperà la sclerosi nucleare nei cristallini, che può sembrare una cataratta. L'opacità della sclerosi nucleare però non è totale, e il tuo cane sarà in grado di avere una certa visione attraverso di essa. Se il tuo Labrador inizia a perdere la vista, insegnargli ad affrontare la situazione fin dall'inizio è una buona idea. Come discusso in precedenza, i Labrador sono eccezionalmente addestrabili. Insegnare comandi come "piano", "aspetta", "gira" e "stop" eviterà

che il tuo cane si metta nei guai. Sarà anche in grado di navigare facilmente per la casa, a patto che tu tenga i mobili nello stesso posto, poiché la sua memoria di navigazione degli spazi sarà ancora eccellente.

Tuttavia, la perdita dell'udito è leggermente più difficile da gestire. È una buona idea prepararsi alla perdita dell'udito nel corso della vita del tuo cane; quindi, quando gli insegni i comandi da cucciolo, abbina sempre un comando vocale a un segnale: in questo modo, se il tuo cane perderà parte o tutto il suo udito, potrà ancora capirti. La perdita dell'udito è di solito graduale ed è probabile che non ti renderai conto che il tuo Labrador lo sta perdendo fino a quando non sarà in fase abbastanza avanzata. Purtroppo, non c'è nulla che possa essere fatto per rigenerare l'udito del tuo Labrador, ma potrà comunque vivere una vita felice senza di esso.

Controllo della vescica

Il controllo della vescica è qualcosa con cui molti proprietari di cani femmine potrebbero lottare quando i loro cani diventano anziani. È comune per una femmina sterilizzata perdere un po' di controllo della vescica, poiché gli estrogeni giocano un ruolo importante nel restringere lo sfintere all'uscita della vescica. Pertanto, se il cane non ha avuto molti ormoni durante la sua vita, la vescica potrebbe eventualmente perdere in età avanzata.

Un'altra causa importante di perdite dalla vescica o perdita di controllo è quando il cane ha l'artrite nell'area lombosacrale della colonna vertebrale. Anche se questo non è un sito comune di sviluppo dell'artrite nei Labrador, sono comunque a rischio più elevato rispetto ad altre razze. I nervi che escono dal midollo spinale in questa area sono quelli che innervano lo sfintere e i muscoli della vescica: la loro compressione porterà alla perdita di controllo.

Determinare la causa principale della perdita di controllo della vescica è essenziale, quando si tratta di trattamento: ci sono diversi farmaci disponibili che aiutano a migliorare il controllo della vescica se è dovuto alla mancanza di ormoni, ma se la ragione è dovuta alla schiena, allora si può fare molto poco. I pannolini per cani sono disponibili per proteggere l'arredamento della tua casa e permettere comunque al tuo cane incontinente la libertà di muoversi nei suoi spazi.

È importante che, se l'urina fuoriesce eccessivamente, l'area venga lavata almeno una volta al giorno per fermare le irritazioni da urina e che il pelo venga mantenuto corto in quella zona per motivi di igiene.

Dire addio

Dire addio al tuo cane non è mai facile, e a volte prendere la decisione di sopprimere il tuo Labrador non è chiara. Molte condizioni degenerative, come l'artrite e il deterioramento degli organi, sono di natura cronica, quindi alcuni giorni saranno buoni e altri cattivi. In generale, la qualità della vita è ciò che dovresti monitorare; quando questa si deteriora, è un indicatore che è il momento di salutarvi.

Puoi valutare la qualità della vita del tuo Labrador ponendoti alcune domande di base:

1. Il tuo cane è ancora felice e scodinzola regolarmente?

2. Il tuo cane è ancora desideroso di mangiare? (che è ovviamente una cosa importante per un Labrador)

3. Il tuo cane interagisce ancora come faceva prima?

4. Il tuo cane può ancora svolgere le normali attività quotidiane?

Se la risposta a una qualsiasi di queste è no, allora la sua qualità di vita è compromessa e, a seconda del motivo e della prognosi, considerare l'eutanasia potrebbe essere l'opzione migliore.

L'eutanasia può sembrare un argomento triste; tuttavia, dovrebbe essere vista come un ultimo atto d'amore nei confronti del tuo Labrador. L'eutanasia è un modo per poter porre fine alla sofferenza in modo dignitoso. È una procedura pacifica in cui viene somministrato un sovradosaggio di anestetico in una vena della zampa. Non è dolorosa e il tuo Labrador non sentirà alcuna forma di sofferenza. Alcuni veterinari somministreranno una dose di sedazione prima della procedura; tuttavia, non è sempre necessario per assicurarsi che la procedura proceda senza intoppi.

L'iniezione può essere fatta nell'ambulatorio veterinario, ma la maggior parte dei veterinari verrà a casa tua se preferisci che il tuo Labrador rimanga nel suo ambiente, il che può essere un buon modo per ridurre lo stress. Potresti vedere alcuni tremori muscolari dopo l'iniezione o un riflesso che fa sembrare che il cane stia facendo un respiro profondo, ma queste sono cose naturali che accadono dopo che il cane è deceduto, non indicazioni che qualcosa sia andato storto. Il veterinario confermerà il decesso controllando il battito cardiaco con uno stetoscopio.

Dopo che il tuo Labrador è deceduto, il tuo veterinario sarà in grado di consigliarti un servizio di cremazione, sia per avere le ceneri restituite a te o

per spargerle in un crematorio per animali domestici, così come potresti desiderare di portare il tuo Labrador a casa per la sepoltura domestica.

Dire addio al tuo cane è davvero difficile, anche quando è previsto e sai che è la cosa giusta da fare. Tuttavia, questo è il momento migliore per ripensare a tutti i momenti meravigliosi che hai avuto con il tuo Labrador e celebrare la sua vita con tutti coloro che lo hanno conosciuto.

www.ingramcontent.com/pod-product-compliance
Lightning Source LLC
Chambersburg PA
CBHW071245130626
46556CB00003B/1175